JN438172

달빛 틈새에
별 하나 얹히고

국립중앙도서관 출판시도서목록(CIP)

달빛 틈새에 별 하나 얹히고 : 김남식 시집 / 지은이: 김
남식. -- 서울 : 문학공원, 2013
p. ; cm

ISBN 978-89-6577-080-0 03810 : ₩10000

한국 현대시[韓國 現代詩]

811.7-KDC5
895.715-DDC21 CIP2013024643

문학공원 시선 82

달빛 틈새에 별 하나 얹히고

김남식 시집

문학공원

<자서>

격려해준다면 더욱 매진할 터

시인은 세상에서 가장 아름다운 언어를
창조하는 사람으로 자연을 사랑하고
희로애락을 사랑하고 자신을 존경하는 사람이다
누구나 그랬듯이 딱 시인이 되겠다는 생각은
아니했지만 책상머리에 앉으면 언제부터인가
두서없이 글 쓰는 습관이 있었다
생각해보면 정신없이 달려온 세월이다
사노라 잊었던 시절이 지나고
어느 날인가부터 다시 글을 쓰기 시작했고
누군가에게 보여주기보다는
살아오면서 보고 느낀 내 이야기를
해가 더 기울기 전에 흔적으로 남기고 싶었다
어쭙잖은 부족한 글을 시집이라고
세상에 내놓으니 참으로 부끄럽지만
아낌없이 격려를 해준다면 더욱 매진할 것이다.
끝으로 글을 쓰게끔 환경을 만들어준
내 아내에게 감사한다

2013년 초겨울

서울 백련산 아래서 김 남 식 배상

<서문>

삶에서 묻어나오는 편린들을 파스텔 톤 색채로 은은하게 그려

김순진(문학평론가 · 고려대 평생교육원 시창작강사)

김남식 시인이 드디어 시집을 낸다. 그것도 150여 편이 들어 있는 매머드급 시집이다. 처음에는 왜 이렇게 많은 양의 시집을 펴내는 것일까 의구심이 들었다. 그러나 읽어보니 모두 가슴 아파 낳은 자식들이다. 하나하나 밤을 새우며, 여행을 하며, 사랑을 느끼며, 가을 숲을 거닐며 길어 올린 생명수 같은 시들이다. 시인에게 시란 길든 짧든, 현대시든 사랑시든, 그리고 작품성에 차이가 있더라도 어느 하나 간과할 수 없는 마음 숲을 이루는 풀꽃과 바위와 새들과 풀벌레와 잡목 같은 것들이다. 시가 올곧게 자란 소나무이어야만 할 필요는 없다. 아주 작은 개미지옥이거나 맹독성을 나나니벌일 수도 있고, 봄까치꽃처럼 아주 작은 꽃이거나 떨어지는 낙엽일 수도 있다.

그의 시들은 삶의 현장과 추억, 그리고 자연과 사랑의 마음을 채록한 글들이다. 때문에 그의 아기자기한 시편들은 모두 저마다의 개성과 의미를 지닌다. 때론 가슴 아리고, 때론 무릎을 치게 하며, 때론 빙그레 웃게 하는 시를 읽으며 행복한 마음이 들게 한다. 그래서 그의 시들은 결국 시집 전체에 깔린 '그는 천성이

고운 사람'이란 분위기로 드러나며 따스한 녹차의 연둣빛 색채로 우리에게 다가온다.

김남식 시인을 만난 것은 10여 년 전 '시섬'이라는 모임에서다. 작사가로 널리 알려진 박건호 시인(2007년 작고)이 운영하던 모임에서 김남식 시인을 만났다. 박건호 시인은 '잊혀진 계절, 찰랑 찰랑, 아 대한민국' 등을을 작사하신 분이다. 그때 본 김남식 시인은 바른 말을 잘하면서도 매사에 솔선수범하며 의자를 나르거나 현수막을 함께 거는 등, 허드렛일도 잘하는 의리파였다. 한번은 박건호 선생께서 필자의 고향인 이동에 가서 하루 놀다 오고 싶다는 말씀을 피력하셨다. 그래서 나는 몇 번씩 고향을 오르내리며 장소를 물색하고 준비를 했다. 그런데 정작 박건호 선생은 지병 때문에 포천에 오지 못하시고 그해 겨울에 하늘나라의 별이 되시었다. 그때 김남식 시인도 백운계곡에 오셨었는데 어찌나 일을 잘 도와주는지 나는 그의 매력에 푹 빠지고 말았다.

박건호 시인은 필자가 운영하는 <스토리문학>의 주간으로 활동하신 바 있는데 당시 그는 문하생 두 사람을 등단시켰다. 그 중 한 사람이 김남식 시인이다. 이후김남식 시인은 필자에게 더욱 돈독한 우정을 보내주었다. 공교롭게도 한 동네인 응암동에 거주하는 우리는 서로에게 든든한 버팀목이 돼주었었다. 최근 몇 년 동안 그는 필자가 운영하는 카페에서 열심히 활동해주었고, 그때마다 나오는 시 동인지, 수필동인지, 소설동인지에도 참여하는 등 왕성한 창작활동을 펴왔다.

그럼 잠시 시집 내부를 살펴보자.

제1부 <어느 봄날> 자연에 관한 시가 실려 있다. 자연을 바라보는 그의 눈은 지극히 긍정적이며 그윽하다. 자연의 이치에 순

응하며 결코 엄숙하고 장대한 대자연 앞에서 호기부리지 않는다. 감사하며 자연의 일부가 된다.

제2부의 <아픈 척 하는 나>에서는 가정사에 관한 시편들을 모아놓고 있다. 아내에 관한 미안한 감정을 드러내고, 때론 어머니 말씀에 대한 연민을 사루비아 꽃잎처럼 붉게 쏟아놓는다. 「깻잎 장아찌」며 「홍시」 등의 시에서 나타나듯이 그의 삶이 얼마나 진솔하고 겸허한지가 드러난다.

제3부 <바람이 불 때마다>에서는 삶에서 묻어나오는 편린들을 파스텔 톤 색채로 은은하게 그리고 있다. 자신이 다리를 조금 절게 된 사연과 시골 다방에 들어앉아 차를 마시던 추억, 자신의 나이를 되돌아보고, 스스로에게 불어오는 갖가지 바람을 슬기롭게 대처한다.

제4부 <시의 단상>은 공교롭게도 모두 두 자의 제목들로 이루어져 있다. 또한 '상처, 사랑, 고독, 기억, 미련, 망각, 마음, 약속, 유혹, 허무, 기대, 인연. 등과 같이 거의 모든 제목이 추상명사로 이루어져 있다. 추상명사로 시를 쓰기란 쉽지 않다. 추상명사를 가지고 제목을 붙이면 그 추상적 개념 주변에 기생하는 또 다른 추상적 사고들을 가져다 붙여 제목을 설명하는 수준으로 머물기 십상인데 그는 시에 이야기를 도입하기 때문에 어떤 추상이 오더라도 전혀 추상적이지 않다. 모두 그림이 그려지게 하는 출중한 창작력을 보여준다.

제5부 <못 잊는 게 아니라>에서는 사랑에 대한 감정을 표출해낸다. 환갑이 넘은 나이에 무슨 사랑타령이냐고 할 사람이 있을지 모르겠으나, 시인은 아직 젊다. 그는 아직도 애틋한 사랑의 마음을 가지고 산다. 단언컨대 시인에게 사랑의 마음을 빼놓고

시는 성립되지 않는다. 그래서일까, 그의 시편 속에서 사랑시를 읽게 되는 어쩌면 날마다 밥을 먹는 것처럼 자연스럽다. 감각적이면서도 전혀 추하지 않은 사랑시, 컬러 일기장에 들어있을 법한 시가 그의 사랑시이다.

제6부 <바람이어라>에서는 지금 김남식 시인의 감정이 그대로 드러나 있다고 할 수 있다. 그는 지금 쓸쓸히 떨어지고 있는 호젓한 가을 숲을 거닐고 있다. 그는 많이 외롭다. 그리고 힘이 든다. 특별한 직업도 없고 그렇다고 돈 나오는 구멍도 없다. 게다가 몸이 자꾸만 아프고, 자식들과 아내의 눈치도 보인다. 그것은 김남식 시인뿐만 아니라 대한민국 60대 모두가 느끼는 감정이다.

제7부 <사랑은 더디 오는 것>에서는 지나간 사랑, 떠나온 사랑, 그리고 그 미련에 대한 한 인생의 고해성사 같은 이야기들이 누렇게 바랜 앨범을 들추면 '아 이때는 이랬었지'라고 머리를 끄덕이듯 다가온다. 워즈워드나 롱펠로우를 닮은 그의 시는 우리의 가슴을 따스하게 데워준다.

아마도 박건호 선생님께서 살아계셨다면 무척이나 기뻐하셨을 것 같다. 이 서문도 박건호 선생님께서 써주셨을 것 같다. 김남식 시인과의 연을 잇게 해준 박건호 선생님께도 감사의 인사를 전하며 이처럼 귀한 시집을 상재하는 김남식 시인에게 우fp와 같은 박수를 보낸다.

지금 그는 외롭지만 좌절하지 않는다. 안으로부터 소용돌이쳐 올라오는 바람을 잠재우기 위해서 내 안에 있는 감정을 추스르며 그는 지금도 마음의 오지를 찾아 여행을 하고 있는 중이다.

차 례

5 _ 자서
6 _ 서문 / 김순진(문학평론가)

제1부
어느 봄날

18 _ 어느 봄 날
19 _ 꽃잎 속에 웃는 그대
20 _ 봄편지
21_ 능소화
22 _ 들꽃 연가
23 _ 꽃과 벌
24 _ 꽃샘추위
26 _ 봄
27 _ 사월의 향기
28 _ 살며시 사라진 봄
29 _ 집으로 오는 길
30 _ 홍매화
31 _ 코스모스
32 _ 열대야 熱帶夜
33 _ 봄이 가는 소리
34 _ 가을 시작
35 _ 여름 오후
36 _ 꽃의 언어
37 _ 아카시아 향기
38 _ 꽃은 피는데
39 _ 싸리꽃

제2부
아픈 척 하는 나

42 _ 꽃보다 예쁘던 그녀
44 _ 아픈 척 하는 나
46 _ 행복幸福
47 _ 가을 타는 여자
48 _ 잠 못 이루고 있을 때
50 _ 아기 엄마
51 _ 똥고집
52 _ 한번만 안아주세요
54 _ 그녀에게 죄인이다
55 _ 둥지
56 _ 깻잎 장아찌
57 _ 홍시
58 _ 어머니 말씀
60 _ 소중한 부부
61 _ 지금 나는
62 _ 매미
63 _ 외출 外出
64 _ 바람난 아내
65 _ 계절병

제3부
바람이 불 때마다

68 _ 바람 불 때마다
69 _ 가을 냄새
70 _ 향기로운 사월
72 _ 빗소리
73 _ 중년의 나이
74 _ 낙엽落葉
75 _ 속세俗世
76 _ 지나치는 것들
77 _ 두물머리에서
78 _ 여정旅情
80 _ 쪽빛 하늘
81 _ 인생人生
82 _ 콩나물국밥
84 _ 발목
85 _ 친구親舊
86 _ 서오릉에서
87 _ 어떻게 살고 있을까
88 _ 절름발이
89 _ 떠나는 계절
90 _ 시골 다방
91 _ 등산登山
92 _ 가을 소묘

제4부
시의 단상

96 _ 상처傷處
97 _ 사랑
98 _ 고독孤獨
99 _ 안개
100 _ 기억記憶
101 _ 가을
102 _ 호수湖水
104 _ 모과
106 _ 미련未蓮
107 _ 망각忘却
108 _ 마음心
109 _ 다리架橋
110 _ 순결純潔
111 _ 등대燈臺
112 _ 수박
113 _ 약속約續
114 _ 유혹 誘惑
115 _ 첫눈
116 _ 허무虛無
117 _ 편지便紙
118 _ 기대企待
119 _ 인연因緣

제5부
못 잊는 게 아니라

122 _ 못 잊는 게 아니라
123 _ 겨울 바다
124 _ 당신 이름
125 _ 빈자리
126 _ 당신도 그런 적 있나요
127 _ 애증愛憎
128 _ 전화번호
129 _ 그 자리에 서 있는 사람
130 _ 너 아니면
132 _ 그대 속마음
133 _ 작별作別
134 _ 이별離別
135 _ 아주 잠깐입니다
136 _ 지우개
137 _ 지운다는 것
138 _ 무상無常
139 _ 사랑의 유효기간
140 _ 입술
141 _ 빈 화분
142 _ 가을을 보내며
144 _ 이 가을에
146 _ 기다림

제6부
바람이어라

150 _ 바람이어라
152 _ 왜 그대이어야만하는지
154 _ 흐르는 물이라고
155 _ 자네가 생각나는 건 왜일까
156 _ 그대 하나면 되옵니다
158 _ 작별의 노래
159 _ 어떻게 잊어요
160 _ 시인님 당신은
162 _ 사랑하는 이유는 없습니다
164 _ 기찻길처럼
165 _ 누군가 보고 싶을 때가 있습니다
166 _ 사랑 한다는 거
168 _ 벚꽃이 지던 날
170 _ 머무르고 싶었던 순간
172 _ 그리워서
174 _ 비가 내리는 날
175 _ 은행잎이 지천으로 내립니다
176 _ 그땐 왜 그랬을까
178 _ 비가 오는 날
179 _ 마지막 단풍
180 _ 그대를 알고 나서
182 _ 가을이 되면

제7부

사랑은 더디 오는 것

184 _ 사랑은 더디 오는 것
185 _ 그것이 사랑이라면
186 _ 그대를 내안에 들인 날
187 _ 애틋한 마음
188 _ 그리움은 밤 자란다
189 _ 그대 생각
190 _ 첫사랑
191 _ 그대가 있기에
192 _ 그리운 날에는
193 _ 사랑이라는 거
194 _ 그리움
195 _ 사랑한 죄
196 _ 사랑을 위하여
198 _ 당신을 알지 못할 때
199 _ 그리워지는 것
200 _ 보고 싶다
201 _ 달빛 푸념
202 _ 마음이 추울 때
203 _ 사랑은 바람이다
204 _ 당신을 곁에 두고서
206 _ 연서戀書

제1부
어느 봄날

어느 봄날

어느 봄날 숲길에서 보았네
마른 잎 사이의 작은 꽃
당신도 그렇게 왔었지
어느 봄날 내 가슴에

어느덧 가을 지나서
겨울 돌아오니
함께하던 당신도 떠나고
세월은 봄을 기다리고 있네

아…
당신도 아직 그리운지요
봄날이 다시 오면
예전처럼
내가 그리운지요

꽃잎 속에 웃는 그대

꽃잎 속에 웃는
그대 보습을 바라봅니다
그대는 내게
꽃 보다 더 아름다운 모습으로
다가와서
사랑을 듬뿍 주고 갑니다

계절에 밀려 비바람에 찢겨
꽃잎이 떨어져
멍든 상처가 되어도
언제나처럼 그대로
그대는 내게
아름답게 보여 집니다

꽃잎 속에 웃는 그대를 위해
영롱한 아침이슬 머금고
햇살을 받아 꽃 피우는
그대를 언제나 바라보고 있습니다

봄편지

봄볕이 따스하게 내리쬐는
베란다에 앉아서
그대에게 편지를 씁니다
산을 넘고 강을 건너
내 마음속에도
벌써 봄이 와 있다고
그대에게 봄소식을 전합니다

개울가 버들잎 앞뜰에 개나리
뒷동산 진달래
지난 가을 남쪽으로 이사 간
제비에게도 편지를 씁니다

파릇하게 돋아나는 새순처럼
싱그러운 이야기
분홍빛 편지지에 담아봅니다
아지랑이 피어오른 푸릇한 봄기운에
새들 노래하고 봄비가 내리거든
화사한 꽃 피워보라고 소식 전합니다

능소화

이층집 담장위에 핀 능소화
길게 목을 늘려서
언제인가부터 예쁘게 피여
길가는 사람들 바라보더니
어제 밤 비바람에 떨어져서
길바닥에 뒹굴고 있네

휘감긴 넝쿨 따라서
분홍색 치마 입고
아름다운 모습을 보이고 싶어
가지마다 꽃을 피워
임 오실 제 기다렸는데

이를 어쩌나 가련한 능소화
꽃이 시들기도 전에
임을 만나지 못 했는데
이를 어쩌나
이를 어쩌면 좋은가

들꽃 연가

마음은 하나이기에
떨어져 있어도 볼 수 있고
은은한 사랑을 느낄 수 있는 그대는
향기 나는 들꽃과도 같습니다

누군가 와서 애써 봐 달라고
피고 지는 꽃이 아니라
그저 그 자리에 계절 따라 왔다 갈 뿐
고운 자태로 피어납니다

설령 음지에 피어 있는
이름 모를 들꽃이 되었을지라도
그대 사랑 받지 못함을
서운해 하지는 않으렵니다

그대 가슴 한쪽에 자리 잡기 위해
무수한 들꽃으로 피고 지어도
늘 언제나 바라봐 주는
그대가 있기에 오늘도 행복합니다

꽃과 벌

나는 꽃처럼 기다리니
너는 벌처럼 찾아와서
나의 꽃잎에 앉았는데

너의 날개 짓 바람으로
나의 온몸이 흔들려도
그건 환희에 전율이려니

너와 나
함께했던 즐거운 시간
너와 나
주고받은 은혜의 사랑
너와 내가
다시 만날 수 있을까

꽃샘추위

봄이 시작이 된 지 여러 날
아직은 바람이 차다
우리는 그걸 꽃샘추위라고 한다
따사로운 햇볕
따사로운 마음
따사로운 삶에 대한
시장기를 때우고 싶은 계절이
봄이 아닌가 생각한다

가을부터 겨울까지 우리 마음은
많이 아파서 허虛해 있다
아니 이젠 몸까지 말썽이다
세월 속에서 자꾸만 낡아지고 있다

지난 가을
떨어지는 낙엽을 바라만 보아도
왠지 가슴이 철렁 내려앉고
엄동설한
그 겨울이 다 가도록 따뜻하게 녹여줄
누군가를 몹시 그리워했다

우리 모습은 어떠한가
아니 내 모습은 어떠했는가
오히려 마음의 문을 단단히 걸어 잠그고
스스로 차가운 빙벽 속으로
자신을 가두고 있지는 않았는지

계절은 질책하지 않아도 다가오고
나이는 욕심내지 않아도 저절로 얹혀진다
매년 다가오는 봄이건만 이번엔 좀 더
새롭게 맞이하여 자신을 발 돋음 해야 한다

봄은 어디에 숨어 있는지
춘사월 하늘위에서 눈발이 휘 날린다
계절을 봄에게 쉽게 넘겨주지
않으려나 보다

봄

봄은 기다리지 않아도
내게 와서
온갖 꽃들로 내 마음
혼란하게 만들어 준다

가슴 가득히 방실방실
꽃이 피는 날
봄 향기 따라 길을 나서면
스쳐 가는 옷깃에서
풋풋한 봄의 향이 바람에
휘 날린다

오고 가는 사람들에
가벼워진 옷차림
긴 겨울 함께한 시름
벗어 버린 듯
모두가 발걸음도 가볍다

사월의 향기

수줍은 목련이
살포시 고개를 내밀면
개나리도 아는 체 인사 하고

진달래가 물들인 뒷동산
수줍은 노란 민들레
아기 손처럼 여린 제비꽃

벚꽃은 사람들 틈에 끼여서
제 멋에 노닐다가
바람이 불면 꽃비 내리고

봄바람이 살랑대는 사월
아지랑이 나풀대는 들길로
봄나들이 떠나면

어서 따라 오라고
따라 가자고
꽃들이 반기며 인사를 한다

살며시 사라진 봄

봄은 어느 순간 살며시
내 옆으로 다가 오더니
아무도 모르게 살짝 몰래
없어져 버렸다
내 젊음처럼

세월은 유월을 지나고 있다
이여서 장마철
그리움은 빗속으로 여울지고
그렇다 보면 어느새 휴가철
세월은 또 그렇게
빠르게 지나 갈 것이다

지나 온 길 뒤돌아 볼
겨를도 없이
내 기억속의 소중한 흔적들은
썰물처럼 지워지겠지
돌아갈 수 없는 시간들 때문에
살며시 사라진 봄이 얄밉다

집으로 오는 길

집으로 오는 길
누군가 따라오고 있습니다
혹시 아침 출근길에서 만난
그 사람일지 모른다고 생각했지요
뒤돌아보면 쑥스러워 할까봐
모른 채 걸었습니다

처음으로 오늘 미소를 보냈거든요
눈치 채지 못하도록
아주 천천히 걸었습니다
그런데 집 앞에서 없어졌습니다
왜냐면 뒤를 돌아보았거든요
집이 어딘데 따라 오냐고
물어보고 싶었는데 할 수 없었습니다

그것은 바로 제 그림자였지요
지금 어두운 밤하늘 위로
달님이 세상을 밝게 비추고 있네요
내일은 더 살짝 가린 모습으로
집으로 오는 길목을 따라 오겠지요

홍매화

한 줄기 봄비 속에
그리움 내리면
도란도란 홍매화 피는 날

아무도 모르게
겨우내 붉게 화장한 입술
울렁이는 가슴을 꺼내려 할 제

외로움은 빨갛게 물들어
수줍은 듯 살며시
고개를 내 밀고

아
까맣게 잊었던 그리움은
화창한 봄날에
아지랑이처럼 여울지고 있네

코스모스

다리가 길어 서있기도 힘든
코스모스
지나가는 바람이
쉴 새 없이 흔들어 댄다

한낮 흔들었기에
이젠 지칠 것도 같은데
서로 부딪치며
흔들흔들 춤을 추고 있다

가을을 수행하는 고추잠자리
잠시 쉬어가는
임시 비행장이 되어 주는
동구 밖 코스모스 길

오색 머리띠를 동여매고
바람이 하자는 대로
가녀린 허리를
쉴 새 없이 흔들고 있다

열대야 熱帶夜

세차게 창문을 두드리던 빗방울 대신
은밀하게 다가오는
폭염의 소리 없는 아우성
'아 덥다'
그래 네가 이기나 내가 이기나
어디 해보자 하여도
며칠째 막무가내

이 더위에 길거리 봉고 트럭
드럼통 장작불에
알몸으로 매달린 통닭들은
얼마나 더울까
저작거리 각설이는
이런 날 또 어찌하고 있을까

푹푹 찌는 열대야
에어컨도 선풍기도
매일 나처럼 밤잠 못자고
후끈한 더위에 고생하고 있네

봄이 가는 소리

시냇가에서 물 흐르는 소리
듣지 못 했습니다
살랑이고 지나가는 봄바람 소리
듣지 못 했습니다
꽃 피는 소리도 들리지가 않았습니다
시냇물 소리 들리고
얼굴 간질이는
바람소리가 들려야 했는데
어찌된 일인지
봄이 가는 소리만 들려옵니다

피던 꽃도 한세상 화려할 줄 알았는데
한 세월 지나고 보니
꽃이 지듯 젊음도
계절에 밀려가듯 덧없는 것을
누군가를 사랑하기 에는
너무나 짧은 세월
내 곁에 그대가 없어서인지
봄날은 의미 없이 그렇게 가고 있습니다

가을 시작

긴긴 여름날을
어지간히 뒤 척 이였기에
살갗으로 불어오는 바람이
더 없이 고맙고

더 디온 가을이 미운지라
비온 끝
하룻밤 사이
가을이 시작이란다

청명한 하늘 위로
흰 구름 한가롭게 노를 젓고
오곡이 익어가는 들길에는
코스모스가 바람에 유희를 한다

가을은 모두에게
노력한 만큼 최고의 결실로
마음을 풍요롭게 하는
계절이어야 한다

여름 오후

아침에 일어나니 비를 머금던
먹구름에서 비를 뿌리고
계속 어딘가에 비를 내린다
계절이 바뀔 때 면 어김없이 내리는 비
그 길고 지루했던 여름은
세월 속에 묻히고
가을은 더 빨리 다가서고 있다

세상에 존재하는 계절에는
봄, 여름, 가을, 겨울
그리고 詩 한 수를 더 긁을 수 있는
여름 오후가 있다
앞마당에 고추를 말리고
겨우내 먹을 수 있는 나물도 만들고
생명을 이어주는 곡식들이
익어가는 계절 바로 여름 오후이다

해마다 맞이하는 계절이지만
아름다운 꿈을 이루기 위해서는
예전과는 좀 다르게 품위있게 맞이하자

꽃의 언어

아침 이슬 머금고
고운 자태로
나래를 펴고 있는
꽃의 언어

꽃을
무심코 보고 있노라면
그 속으로 빨려 들어가
잠시
넋을 잃은 나그네가 된다

눈빛으로
바라보고 있어도
포근함을 안겨주고

코끝으로 다가오는
꽃의 향기는
어지러운 내 마음을
달래준다

아카시아 향기

봄이 끝나는 어느 날인가
슬며시 아카시아 꽃이
온 산야를 덮어 버리면
하늘하늘 가슴 속까지 파고드는
은은한 아카시아의 향기

이파리가 바람에 흔들릴 때 마다
내 눈과 마음 까지도 모두 덮어 버리고
향기로운 냄새가 신록에 묻혀
코끝으로 들려온다

바람 속으로 부서지는 아카시아 향기에
아련한 추억이 그리움처럼 밀려와
미처 꺼내지도 못한 채
가던 발길 멈추면

푸른 연록 잎사귀 그늘에 숨어
꽃이 다질 때까지 지독한 초여름에
열병을 앓고 있겠지

꽃은 피는데

화장한 봄날에
꽃은 피는데
그리운 임 보라고
꽃이 피는데

엊저녁 비바람에
어쩌지도 못하고
애처롭게도
죄다가 떨어지고 마네

그리운 임
다 보기도 전에
얄밉게 시리
모조리 거두어가네

아
사랑도 인생도
한 떨기의 꽃이어라

싸리꽃

부러질 듯 여린 가지위에서
불면 날아갈 듯
작고 흰 싸리 꽃이
수없이 흐트러지게 피어있다

눈송이가 내려앉은 듯
가느다란 가지마다
곱게 무리지여
귀엽게도 앙증맞게
달려있는 작은 꽃이파리

봄바람에 가지가
한들한들
흔들거릴 때마다
향긋한 꽃내음이 코를 찌르고
햇볕에 꽃송이 반사되니
백옥처럼 눈부시다

제2부 아픈 척 하는 나

꽃보다 예쁘던 그녀

꽃보다 예뻤던 그녀
꽃을 보지 않아도 꽃이 얼마나 예쁜지
알게 해주었던 아내였는데
현실의 삶이
아니 현실에서 못난 내가
부끄럽게도
꽃을 예쁘게 피어있지 못 하도록 하였다

아내는 퉁이다
아내는 밥집 아줌마이다
아내는 매일같이 잔소리만하는 사장이다
허나 세월이 그랬는지
내가 그랬는지는 알 수가 없으나
한 가지 확실한 것은
아내가 나와 살고부터는
미장원을 가본지가 오래되었고
백화점과는 점점 멀어져 간 것만은 확실하다

레스토랑에서 비프스테이크를 먹고
비엔나커피를 마시며
러브스토리 음악을 듣고 눈물 흘리던 소녀에게
고급 승용차를 타고
고대광실에서 살게끔 해야 했는데
현실의 삶이
아니 현실에서 못난 내가 부끄럽게도
그녀의 무지갯빛 꿈을
먹구름으로 만들어 버렸다

그러나 아직도 내 가슴에
아내는 꽃보다 예쁜 여자임을 인정하며
내 인생의 동반자이기에
늘 미안한 생각에
한 평생을 반성하는 마음으로
하인이 주인을 섬기듯 받들며 살고 있다

아픈 척 하는 나

때론 몸 어딘가 아프게 보이는 것이 좋다
아프게 보이면 아픈 줄 안다
그래야 가족들이
내가 소중한 사람임을 간혹
깨닫게 해주어야 한다

가족을 위해서 동당 걸음으로
숙맥처럼 일만 꾹꾹 하면
진짜 건강한 줄 착각하고 더 부려 먹는다
내가 아프기 전에 미리 챙겨줘야 하는데
그러지 못 할 때는
공연히 서운한 감정이 들어서
손 하나 까닥하고 싶지 않을 때가 있다

그러나 누굴 탓하랴
처음부터 일하는 소牛처럼
착각하게 만든 내가 바보이다
서럽지만 내 몸은 내가 챙겨야 한다

내가 아프면 내가 손해가 아니라
가족들이 걱정이다
얼마나 소중하게 여기는지 가끔
엄살로 아파야 한다

그래서 사랑도 확인하고
보약도 챙겨야 한다
그런데 아프게 보이지 않으니
참 다행이다

행복幸福

허물건 국물에서
수제비를 건져 먹을지라도
당신과 나
마음이 하나 되어
웃음을 함께 할 수 있으면
그것이 행복이 아닐까

꽃들이 예쁘고 화려해도
당신만 못 하고
달이 밝다 하여도
당신 웃음만은 못 하니

부처님 하느님보다
더 곱고 고운 마음으로
당신이 내 곁에 있어 준다면
그것이 행복이 아닐까

가을타는 여자

목이 기다란 코스모스와
들녘에 핀 들국화를 좋아하는 여자가 있습니다
주말이 되면 버스를 타고
낯선 시골에 내려 들길을 걸으며
밝게 웃는 모습을 보았습니다
가을 맛에 들꽃을 따기도 하고
때론 벼 포기와 풀 섶 사이를 뛰어 다니며
바쁘게 사느라 잊었던 가을
보상이라도 하듯 동심으로 돌아가
메뚜기와 숨바꼭질 하며
자신을 만끽하고 있었습니다
읍내 시장터에서 고구마도 사고
된장에 넣을 고추도 사며
뭐가 그렇게도 좋은지
뭐가 그리도 친한지 장터 할머니들과
널부러지게 앉아서
이야기가 끝이지 않습니다
가을을 좋아하는 그 여자
돌아오는 차속에서 헤프게 자고 있는
모습이 행복해 보였습니다

잠 못 이루고 있을 때

네가 잠 못 이루고
저쪽으로 돌아누울 때
나도 네 쪽으로
돌아눕는 줄 알거라
내가 서운해 토라져 버리면
넌 나를 외면하고
내가 널 미워 멀리하면
돌아서 아쉬워하고

한번 토라져버린 마음
왜 아니 풀릴까
가로막는 이 어둠의 장막
무엇 때문에 그리 되었는지
버릴 수가 없음에
이리 그리워서 애가 탄다
생각하면 아무것도 아니거늘
왜 그리했을까

포용할 수 없는 내 탓
작은 내 속이려니 하려무나

미움 떨쳐 버리고 그냥 웃어보자
아무 일 없었던 것처럼
무조건 웃자
꼭꼭 닫혔던 마음 활짝 열고
얼굴 마주 보며
서로 조금씩 이해를 하자
그리고 사랑하자

나 때문에 잠 못 이루고
저쪽으로 돌아누울 때
나도 네 쪽으로
돌아눕는 줄 알거라
널 믿는 마음에
이리 그리워 애가 탄다
이 밤 뒤척이며
어찌 눕는 꼴로 그냥 잠들겠느냐

아기 엄마

아이의 키만큼 빼면
엄마는 몇 살이나 될까
아직은 앳된 나이인데

자기 몸집보다 큰 아이를
하나는 걸리고
하나는 등에 지고 가네

어린 남매를 데리고
땀 흘리며 걸어가는 젊은 엄마
아이의 키만큼 빼면
엄마는 몇 살이나 될까

날씨도 추운데
어디를 가는 것일까
할머니에게
손자를 보이러 가나

똥고집

저녁 먹다가 싸우고
미안해
한 마디를 못해서
돌아누웠다

하얀 밤 가득
자는 척
거짓 숨소리만
들려온다

여자란
알다가도 모를
참,
이상스러운 동물이다

한번만 안아주세요

남편은 생존마당에서 전투를 하고
집에 오면 무지 피곤합니다
그래서 아침이면 한번만 안아주세요
잠이 깨면 한번만 안아주세요
눈을 뜨면 한번만 더 안아주세요

그러면 남편은 하루 종일 힘이 납니다
더욱 더 열심히 뛰닙니다
시간이 있으면 여러 번 안아주면 더욱 좋아요
남편은 하루 종일 정말 피곤합니다

아내도 피곤합니다
아이들 키우고 남편 뒷바라지
요즈음은 아내들도 맞벌이를 하잖아요
그래서 아내도 또한 피곤합니다
오늘처럼 날씨가 추운 날은
서로 한번만 꼭 안아주세요

집안의 기둥인 남편을 더 안아주세요
그러면 남편은 하루 종일 힘이 나서

가족을 챔임지고 집안도 화목합니다
사랑이 넘쳐흘러 감기가 침입하지 못합니다

그녀에게 죄인이다

밤새 뒤척이며 간간이 기침소리 들리더니만
이내 잠이 든다
미안한 마음에 차버린 이불 덮어주며
이마를 만져본다
스무 살 꽃다운 나이에 데려와
사는 게 이게 뭐냐며 밤새 투정을 한다
허드렛일 수 없이 하는데도
사는 게 아직은 그만그만하니
손에 물마를 길 없다며 불평을 한다
잘 해주고 등 따신 게 며칠 이었냐

감언이설에 속아 따라 왔더니만
모두가 거짓말 고생을 시킨다네
조금만 참으면 좋은 일 있다 달래어도
이제는 그 말도 안 먹히고
입은 삐죽 눈도 돌아가고
불평 없이 살아준 게 정말 고마운데
심통 부릴 때면 할 말을 잃어 버린다
호강시켜 준다고 속여서 결혼 했으니
천당 가긴 이제는 글렀고 죽어서 나는
지옥으로 떨어지겠다

둥지

당신의 처마 밑에
내가 서 있을 때
나의 둥지 속에
당신이 서 있을 때
당신은 내가 되고
나는 당신이 되어서

내가 당신에게
힘이 되고
당신은 내게
힘이 되어야 합니다

당신이 아파 할 때
내가 아프고
내가 아플 때는
당신이 아파 해 주는
언제 어디서나
우리는 하나여야 합니다

깻잎 장아찌

깻잎은 삼겹살 먹을 때 필수품
깻잎을 된장에 박아놓거나
양념에 넣어서 만든 게 깻잎 장아찌
젓가락으로 어찌해도
저희끼리 서로 달라붙어서
마지막엔 손가락이 필요하다

한겨울 입맛이 없고 반찬이 없을 때
향긋한 향으로 입맛을 살려주는 깻잎 장아찌
여보가 젓가락으로 한쪽을 잡아주면
다른 한쪽은 당신이 깻잎을 갈라서
밥숟가락에 올려놓는다

젓 가락으로 하나를 들면
다른 하나가 꼭 달라붙어서
혼자서는 먹을 수 없는 깻잎 장아찌
찐득하게 달라붙는 깻잎처럼
떨어질 수 없는 늦사랑 금술을
만들어 주는 깻잎 장아찌

홍시

안마당 한쪽 귀퉁이
그리 많지도 않은 고추며
무말랭이를 말리시던
쪼글쪼글한 어머니의 손
속바지 주머니에서
꼬기 작 한 돈 내 손에 꼭 쥐어주며

그저 열심히 살라 하셨는데
겨울 오기 전에
서울 간 아들 보고 싶다며
기다리고 기다리다
문 여는 소리에 쫑긋하더니

이제는 되었다는 듯 눈 감으실 제
입 닦던 손수건 똘똘
그 손에서 떨어지고
감나무에 달려 있던 홍시 하나
아들 오면 준다고 했는데
바람에 그만 떨어지고 마네

어머니 말씀

병원에 가보면 아프지 않고
지내는 것만으로도 참 다행이라고
생각할 때가 종종 있다

텔레비전에서 불치병을 얻은
아이들을 보면 그런 아이를
자식으로 두지 않은 것을 고맙게
생각할 때가 있다
옛날 어머니들은 무슨 일 생길 때면
꼭 자식들에게 이런 좋은 말씀을 하신다

크게 안 다친 것만으로 다행이다
그건 위험이 따른다
그러다 사고 날라
그것만으로도 아주 푸지다
그러다 얹힐라
배가 부르다 그만 먹어라
이만하면 따듯하다
한 몫 잡으려 하지 마라

배가 아플 때면
배를 문질러주시던 어머니
지금에 어머니들도 그리할까
그러나 예전만은
그리 못할 것 같은 생각이 든다

그저 무엇이든 일등으로만
키우려는 요즘의 세상
그래야 살아남는다며 가르치고 있다

소중한 부부

전생에 무슨 덕을 쌓았는지
내 부족함을 채워주는
당신이 있어서 참 좋았지요

나를 사랑하는 이가
세상에 존재하고
내가 좋아하는 이가
세상에 있다는 것만으로도
커다란 힘이 되었습니다

당신이 있음으로써
우리가 웃음을 잃지 않고
밝게 살아 갈 수 있기에
말없이 두 손 잡아 준 당신이
정말 고마웠답니다

봄날 마른 나뭇가지에서
생명의 물줄기가 차고 오르듯이
마음 하나로 이어지는
우리는 참 소중한 부부입니다

지금 나는

아내에게서 방금 전화가 왔습니다
그래서 일찍 퇴근 했습니다
저녁도 일찍 먹었습니다
좋습니다
지금 아내와 마주 앉아
베란다 창가에서 맥주 한잔 합니다
비온 끝이라서
창밖으로 소슬 바람이 불어옵니다
아주 좋습니다

오늘 생리가 끝났답니다
그래서 아이들도 외갓집에 보냈답니다
겨우내 놀고 있던 에어컨도 손을 봤답니다
너무 좋습니다
이럴 줄 알았다면 아내가 좋아하는
통통한 참붕어빵
한 봉지를 사올 것을 그랬습니다
내 마음을 안 아내가 너무 예뻐 보입니다
그래서 지금 행복한 놈입니다

매미

지나간 한줄기의 소나기 빗물이
채 마르기도 전에
맴 맴 맴
매미 소리를 듣는다

지나가는 자동차 소음에 잠시
멈추었던 소리가
다시 또 힘차게 울어 재낀다

회색빛 하늘 속으로 비치는
뿌연 햇살이
대지를 말려 갈 즈음
날개를 비벼가며
매미는 신나게 여름을 연주한다

시골의 흙내 음과 더불어
들려오는 여름의 소리에
마음은 어느새
고향집 원두막으로 가고 있다

외출外出

연일 계속된 한파 속에 펑펑 내리는 눈
삼한사온이 웬 말이더냐
요즘 날씨는 천방지축
제 마음대로 꽁꽁 얼어붙는다

뉘 하나 안부 전화 없으니
쓸쓸하기 그지없고
너무 심심하여 창문을 열어 보니
밖은 추워서 외출금지

폭설로 움직일 수가 없으니
지금은 방콕 여행 중
이럴 때는 광케이블 타고서
사통팔방 문을 두드리며 외출이나 해 볼까

내가 사는 이웃에
누가 사는 지도 모르는데
먼 곳에서도 내 안부를 물어오네
신통방통한 인터넷 여행

바람난 아내

언제 준비했는지 허락인지 명령인지
일방적인 통보에 어물정 말도 못한다
이웃집 돌이네 한집 건너 순이네
친한 사람끼리 동무하여 놀러 나간다

거실 소파 불청객 입 나온 것도 모르고
명색이 가장이지 항변하지도 못한 채
잘 다녀오라는 이놈의 심술은
돌아서서 긁어댄다

돈 많은 영감이랑 놀러가는 건 아닌지
후하게 인심 못 쓰는 좁쌀 근성은
아직도 여전해서
통 크게 마음을 비우지 못한다

좋은 게 좋은 거라 애써 마음 달래이며
썰물처럼 나간 현관문 멍하니 바라보다가
냉장고에서 술과 안주를 꺼내들고
지부지처[1]로 불안함을 달래본다

---

1) 속어로 지가 부어 지가 처먹다.

계절병

열어 둔 창문사이로
조석으로 불어오는 바람 소리에
공연히 마음만 스산하다
노을이 아름답게 물들 때쯤이면
집 떠나 온 사람처럼

알 수 없는 그리움이 뭉클하게
밀려오는 건 계절 탓이렷다
누가 그리워 그 무엇을 못 잊어서
잠을 못 이룰까

내게 주어진 내 삶을 사랑한다
내 주변도 사랑한다
내게 딸린 나의 옵션들도 사랑한다
나와 같이 한 인연도 사랑한다

인생은 길고 긴 긴 여행이다
날개를 달고 훨훨 날아가고 싶다
어둠이 깊어 고요가 찾아들 때면
하루에 늘 감사한다

제3부
바람이 불 때마다

바람 불 때마다

바람이 불 때마다 나무 가지에서
낙엽이 우수수 떨어지고
거리에 쌓인 흙먼지들이
방향을 잃어버린다

가녀린 코스모스가
제 벗에 기대여 흔들리면
내 마음도 바람에 기대인 채
감자탕의 돼지 뼈처럼
커다란 구멍이 숭숭 나있다

하늘 끝 저 멀리
뭉게구름 속으로 달려드는
그리움마저
바람이 불 때마다
어디론가 흩어져버린다

그대가 떠나고 없는 허전한 자리
무엇으로 가득 채워놓아야
얼마를 더 아파해야
공허의 바람을 막을 수가 있을까

가을 냄새

가을 냄새 풍기는 어느 날
간밤에 쏟아지는 빗소리가
어찌나 심란하든지 엎치락뒤치락

커피 한잔에도 가을 냄새
옷에서 가을 냄새
하늘도 들판도 공기도
세상이 온통
가을 냄새로 밥상 위에 앉는다

왜 이리도 마음이 심란할까
마음이 먼저 알아서
내리는 빗줄기에 공허가 되고
나부끼는 나뭇잎에도
시린 마음은 두 배

가을이 깊어 갈수록
마음에 병도 깊어질 터인데
어찌 해야 할지
내 맘은 내 것이 아녀라
누가 나 좀 건드려 줬으면 좋겠다

향기로운 사월

우리가 살아가는 세상이 아무리 어수선해도
어느덧 봄은 설렁설렁 찾아와서 고운자리에
살포시 뿌리를 내려앉는다
아가의 손톱만한 연두 빛 새싹에 감탄했는가 싶었는데
어느덧 몽실몽실 하얀 목련이
며칠 사이 찾아온 비바람에 그 소담스럽던
꽃 이파리가 하나둘 떨어트리며 분분히 흩날리고 있다

누군가 그랬던가요
3월은 찾아오는 봄이고 4월은 머무르는 봄이며
5월은 떠나가는 봄이라고
이제 봄꽃의 향연이 시작되는
눈물 나도록 아름다운 꽃의 달 사월四月
피고 지는 꽃들을 바라보며 생각합니다
한 가닥 유감없는 사는 이가 과연 몇이나 될까
인생 역시 어쩜 저렇게 한 가닥 피었다가
홀연히 지고 마는 꽃들과 다를 바 없지는 않겠지요

아롱아롱 피어오르는 아지랑이 멀미에
풀 섶에 주저앉아 크로버 꽃을 손에 걸어주던 그때

아득한 시간 속으로 잠시 여행을 떠나 본다
신작로 십리 길 걸어서 통학을 하던
푸르던 사월 어느 날인가
해 저녁 집으로 오는 길
파란 하늘 머리에 이고 풀밭에 누워서
비상하는 새처럼 온갖 희망이 차오르던 때가 있었다

순백의 도화지에 무지갯빛 꿈을 채색하면서
사르트르의 문학을 탐닉하고 헤르만 헤세의 고뇌에 빠져들면서
굴러가던 말똥구리에도 깔깔 웃어재끼던
순수하던 푸른 젊은 날이 있었다
그땐 참 많은 꿈을 가졌지만 지금 와서 돌아보면
그 꿈이 반에 반도 이루지 못했다

이루지 못한 꿈이 있을지라도
마음은 항상 웃는 날이 되어야 한다 하지만
세월이 아주 너무 많이 갔다
그러나 잔인한 4월이 아닌 향기로운 4월
언제나 파란 싹이 돋음 하는 싱그러운 삶이
송송 솟아나길 바란다

빗소리

지금 밖으로
요란한 빗소리가
천지天地를
뒤 흔들고 있다

우리가 세상을 살면서
이런저런 이유로
다소
아픔이 있는
고달픈
삶이 있을 수도 있다

이제
그 시련에 전부를
세찬 빗줄기에
모두 씻겨 나가길 바란다
그리고 서광瑞光이 오길 기도한다

중년의 나이

눈이 내리면 추억이 생각나고
비가 내리면
무작정 걷고 싶었던 그 시절

아직도 싱그러운 계절엔
분홍빛 사랑을 꿈꾸고 싶은
중년의 나이

어느 가슴 시린 사연이
모두 내 사연이 되어 버리는
이제는 정말
훈훈한 정이 그리운 나이

내 소중했던 꿈들은
비록 사라졌지만
중년은 삶은
따스한 가슴으로
아름다움을 이어가며 살고 싶다

낙엽落葉

언제 저렇게 많은 나뭇잎이 쌓였을까
아름다운 단풍의 낭만 뒤에는
뚝뚝 떨어진 나뭇잎이
쓸쓸해 보이고
내 인생 뒤안길도 쓸쓸해 보인다

세월의 흔적 위로 걸어가는
마음도 쓸쓸하고
그래서 단풍잎이 뜨겁게 더 뜨겁게
태워 가는지도 모른다

붉게 타오르는 단풍잎이
사늘하게 식을까 두려워지기에
오늘만은 나뭇잎을 밟지를 말자

봄이 오면 나뭇잎은
새파랗게 다시 피어나는데
삶은 그러하지를 않다
그래서 우리 인생을 뜨겁게 더 뜨겁게
불태워야 한다

속세俗世

가을이 깊어가는 오후
작은 가방에 물병을 넣고
군것질거리를 담아 길을 나서 본다
그리고 조용한 산사가 있는
계곡 길을 걸어본다
처마 끝에 매달린 범종이
바람에 가녀린 소리를 내고 있다

속절없이 흩날리는 바람에
억새가 제멋대로 이리저리 움직인다
이름 모를 들꽃과 인연을 맺고
세상에 욕심 다 털어 버리고 걷다 보면
어느새 해는 서산에 있다

돌아보면 아득히 먼 길
언제 갈까 했는데
어느덧 황혼으로 가는 해넘이길
후회와 허무가 가득하니
무엇으로도 되돌릴 수 없어
번뇌에서 잠시 속세를 떠나고 싶다

지나치는 것들

길가의 코스모스
언제 그렇게 피었었는지
바라보기도 전에
벌써 지는 것도 있더이다
앞 만보고 가다 보면
그냥 지나치는 것들이
우리에겐 너무나 많은 것 같다

가을 길에서 만나면
한들한들 웃어 주는 들꽃
예쁘게 물들어 가는 단풍
잠시 가던 길 멈추고 둘러보면
지나치는 것들이 참 많다

나에게 미소 짓는 이들에게
넉넉함을 나누어 주는 것도
나의 행복이 아닌지 생각해 봅니다
희망을 안겨주는 하루
조금만 더 남을 배려할 수 있는
고운 마음을 만들어봅니다

두물머리에서

늦가을 마지막 낙엽들이
아무렇게나 바닥에서 뒹굴고
어쩌다 제 멋에 강물로 떨어지면
파문을 일며 뱅그르르 헤엄을 친다

강바람은 휭 하니
달려 나왔다가 돌아가고
다시 달려 나오고
강물도 바람 따라 돌고 돌아서
용수를 치며 흐른다

휴일이면 사람들로 법석이던
가게들도 썰렁하다
저 빈 가게처럼 인생길에서
찾아오는 이가 없다면 얼마나 쓸쓸할까

무정하게 가는 세월을
얼마나 내가 미워하는 줄도 모르고
두물머리 강물 위로 저녁 햇살이
걸터앉아 넉살좋게 웃고 있다

여정旅情

만나자는 이 없어도 부르는 사람이 없어도
찾는 이가 없어도 마음 비우고
어딘가로 떠나고 싶은 순간이 있다
떠나는 길에 굳이
누군가 동행하지 않아도 된다

뒤 돌아보면 아득히 먼 길
언제 갈까 그리 했더니만
어느 새 머리엔 백발이 성성하고
그 사람 없으면
못살 것 같던 지난 시간도
어는 새 이만큼의 세월을 가져다 놓았다

해 저녁 떠나는 길
무심히 피어있는 이름 모를 꽃들이
때로는 나그네의 발길을 멈추게 하듯이
잊고 살았던 사람들과도
한번쯤은 마주하고 싶을 때가 있다

눈을 감아본다
지나간 세월들이 활동사진처럼 스쳐간다
인생을 함께 했던 그 사람들은 지금
어디쯤 가고 있을까
지나는 여로길
주막에 들려서 한 잔 술로
마음을 달래는데
술잔 위에 비추이는 그리운 얼굴들

흘러가는 구름 스쳐가는 바람처럼
인생은 휭 하니 다녀간다 하지 않든가
얼마 남지 않은 나의 길
이제 무엇을 남기고 갈 것인가
여정의 뒤안길에서
봇짐을 등에 지고 주막집을 나선다

쪽빛 하늘

시리도록 맑은 가을 하늘
너무 예뻐서 눈물이 나왔습니다
이렇게 맑은 하늘처럼
누군가에게 기쁨이 되고 싶습니다

바라만 보아도 좋을
쪽빛 가을 하늘
그 정갈한 기운을 받아서
헝클어진 내 마음을
매만지고 싶었습니다

이렇게 맑은 하늘처럼
나도 누군가에게 기쁨이 되고
외로움에 있는 누군가를
안아주고 싶습니다

아니 어쩌면
외로운 내 자신을
스스로 안아주고 싶은지도 모릅니다

인생人生

인생은 구름이며 바람 이여라
잘 난 청춘도
못 난 청춘도

그냥 스쳐가는
바람 앞에
머물지를 못하며

못 난 인생도
잘 난 인생도
별수 없이 흘러가는 구름 같으니

잠깐의 인연 일지라도
소중히 생각하며
내 자신을 황금처럼 값있게 살자

콩나물국밥

해 저녁 청진동 골목 콩나물국밥집에서
혼자 앉아 국밥을 먹는다
그냥저냥 입천장을 데어가며
콩나물 국물을 입으로 밀어넣고 있으니
허겁지겁 먹는 꼴이란 내가 봐도 참 우습다
여름을 타는지 요 며칠은 입맛이 통 없다
집에 들어가기 전 우선 배고픔을 채워야한다

보릿고개 삶을 살아와서 그런지
배고픔을 못 참는다
이젠 아무도 그립지 않을 나이인데
아직도 밤잠을 이루지 못하는
까닭은 무엇일까
안타까운 현실을 그대로 받아들이기에는
너무나 세월이 야속하게 밉다

누굴 애타게 그리워했던 건
아주 옛날의 일이다
근데 눈물이 나오려 하는 건 또 뭘까
아마도 이 좋은 시절

덧없이 보내야 하는 아쉬움
세월에 푸념이 아닐까 생각해 본다
누구나 똑같은 심정이겠지
이놈의 세월은 KTX
고속 엔진을 달았는지 잘도 달려간다

소주 반병을 시켜 콩나물 국물에
홀짝홀짝 뱃가죽을 채우고 나서야
자리에서 일어난다
복잡한 도시의 저녁은
무지개 불빛으로 채색 되고
어느새 내 발길은
종각역 계단을 내려가는데
다리가 휘청거린다
내 몸도 이제 고물이 다 된 것 같다

발목

세상을 살다 보면
자신에 이득을 챙기려고
남의 발목을 잡는 일이 허다하다

그런데 그 중에서도
인생에 발목을 잡는 사람에게는
정말 어쩌지도 못하고
인연이 끝나는 순간까지도 속 끓이는
경우가 허다하다

너도 못 살고
나도 못 살고
바로 만나지 않았어야 할 연緣이다
누구보다도
서로 잘 아는 사람들이 그렇다

그래서 이런 장애물은
싹트기 전
미리 잘라야 하지만
그리 쉬운 일이 아니기에
평생을 짊어지고 가는 사람들이 있다

친구親舊

나이 듦에 따라 노여움이 많고
왠지 쓸쓸해지는 일이
많이 생긴다
슬픔과 즐거움을 함께 나눌
벗이 있다면
덜 외로울 것 같다

무엇을 어떻게 해주길
바라는 게 아니라
내 이야길 들어줄 사람
그 사람이 곁에 있는 것만 으로도
위안을 받을 수 있다

술 한 잔 나눌 수 있는
막역지우라면 그냥 좋겠고
만약에 그가 이성친구라면
금상첨화겠지

서오릉에서

수령 오백 년 된 은행나무가
커다란 덩치를 못 이기고
바람이 불 때마다
은행잎을 땅바닥으로 토해낸다

깨끗한 은행잎을 한두 개 주워보았다
차 유리 위에 살며시 붙여본다
은행잎 혼자서는 외로울 것 같아서
떡갈나무 잎도 붙여보고 단풍잎도 붙여본다

산책길에 서 있는 커다란 나뭇잎들이
바람이 불 때마다 어딘가로 날린다
아니 끌려가기 싫어서
구석진 도랑 끝으로 도망가고 있었다

가을은 그렇게 맥없이 떠나는데
밖으로 문명의 인간들은 무엇이 급한지
자동차로 어딘가를 달려가고 있다
낭만이 깊어가는 서오릉길
온통 낙엽으로 쌓여있는 서오릉길은 고독의 장터다

어떻게 살고 있을까

다들 어떻게 살고 있을까
바닷가에 사는 사람은 바다 실컷 보고
산골에 사는 사람은 산을 실컷 보고
도시에 사는 사람은 빌딩만 실컷 보고
시골에 사는 사람은 땅만 실컷 보고
다들 그렇게들 살고 있겠지

다들 어떻게 살고 있을까
농사짓는 사람은 밭에서 살고
고기잡는 사람은 바다에서 살고
공장다니는 사람은 공장에서 살고
회사다니는 사람은 사무실에서 살고
다들 그렇게들 살고 있겠지

다들 어떻게 살고 있을까
선생은 학생들 눈치보며 살고
시어머니는 며느리 눈치보며 살고
사장은 종업원 눈치보며 살고
백수는 마누라 눈치만 보며 살고
다들 그렇게들 살고 있겠지

절름발이

노을 빗긴 연못가 산등성이에
말없이 앉아 있는 절름발이[2)]
창백한 얼굴 애원에 찬 눈
지내온 일생을 물속에 헤아린다

찬바람 이는 땅
비애와 울분의 설움
이따금 터지는 울먹이는 눈
불행을 하소연 하듯
움직이는 입

슬픔이 담긴 심저心底에
두 손은 잠잠히 희망을 빌고 있다
이제는 어서
아픔이 끝나기를 간절히 빈다

2) 어릴 때 얼음판에서 넘어져 고관절을 다쳐서 이십년을 고생했다

떠나는 계절

가을은 모두를 떠나게 하는 계절이다
사랑도
인생도
자연도
제다 부질없이 떠나는 것
세상만물 모두가 한 허물을 벗고
떠나는 계절이다

사람도 초목처럼 아장아장 태어나서
어여쁘게 자라
예쁘게 살았으니
우아한 단풍처럼 떠나야 한다

낙엽으로 떨어지면
흉하다고 하니
인생도 죽고 나면 허무하다
하여 아주 깨끗하게 한 줌의 재로 만들어준다

시골 다방

어스무레한 시멘트 지하 계단을 내려가
낡은 미닫이를 열면
장막처럼 늘어진 벽지에는
자욱이 너저분하게 얼룩지고
빛바랜 그림들이 걸려있다

간혹 만나는 몇몇 사연들이
보는 이에 마음을 애달프게도 했었지만
지금은 갈 곳 없는 촌로들이 모여
회포를 푸는 시골찻집

프림 두 숟가락 설탕 한 수저
길 가던 나그네가
혼자 마시는 차 한 잔에
맛은 가렵지마는
다방 커피에는 구수한 정이 서려있다

엷은 미소를 짓는 길 마담에게
차 한 잔 살며시 권하니
묵은 연인처럼 밉지 않게 반겨준다
그래서 세월은 나를 슬프게 한다

등산登山

배낭을 메고 산에 오를 때는
나이도 지위도 살림살이도
너나없이 똑같은
그야말로 삶의 평준화이다
산으로 오르는 길목에서 사람들을
만나 보면 젊은 층에서
노년층까지 연령대가 넓고
그리고 하는 일이나 생활 방식도
꽤 다양하지만 목적은 누구나 똑같이
단 하나 건강하고 재밌게 살자

잠시 세상사 잡념에서 떨어져
산으로부터 즐겁고 활기찬 기운을
공짜로 받을 생각을 하니
모두들 건강하고 밝은 표정들이다
산이야 오르다 힘들면 쉬었다 가고
도란도란 이야기 나누는 하산 길
낯선 주막집에서 회포를 풀면
더없이 재밌는 여가생활이다

가을 소묘

길가에 코스모스가
언제 그렇게 피어 있었는지
생각나지 않은데
벌써 지는 꽃도 있다
앞만 보고 가다 보면 우리 주위는
그냥 지나치는 것들이 너무도 많은 것 같다

사는 일이 좀 바쁘더라도
아주 잠시 만이라도
하던 일 골치 아픈 일 제쳐 두고
들길로 나서면
자연의 경이로움을 알 수가 있다

가을 향내는 멀리서
바라보는 것 만 으로도 느낄 수 있지만
가까이 가서 나뭇잎도 만져보고
양지 바른 언덕에 누워서
파란하늘 쳐다보다가
산 그림자를 따라가면
마음은 온통 가을 길로 들어선다

나뭇잎은 왜 갈색 빨간색 노란색으로
빛깔은 왜 이리도 고울까
내가 모르고 지나쳤던 것
모두 아름다운 것들이기에
해마다 이런 가을이
내게도 와있었을까

제4부
시의 단상

상처傷處

겨울 찬바람이 할퀴고 간
빈 나뭇가지처럼
덩그렇게 남아 있는
앙상한 소가지心
더 이상 기댈 곳 없는 빈터

내 것을 담아내 갈 때는
다 채워 줄 것처럼 그랬는데
아픈 가슴 하나
안고 사는 일이였다면
욕심 하지 않은 채
빈 가슴으로 살아 갈 것을

당신에 흔적을 씻으려고
빗속을 거닐어도
바람 속을 거닐어도
아픔만 더 할 뿐
떠난 빈자리가 너무 쓸쓸하여
주고 간 상처 어쩌지도 못하고
가슴에 묻는다

사 랑

그대가 없는 세상에
산다는 것은
그믐달 같은 거

다시 사랑한다
하여도
그대가 될 것이며

다시 이별한다
하여도
그대가 될 것을

불사조처럼
죽고 못 사는 이가
되리라

고독孤獨

무엇을 위해서
그렇게 몸부림치다가
무엇 때문에
그리도 홀연히 떠났을까

당당했던 그 자리엔
외로운 그림자가 들어서고
부서진 마음
주워 담지 못하고

문틈으로 새나는 바람이
쓸쓸이 지나가면
외로운 게 아니라
혼자라는 것에 익숙해야 한다

안개

어디엔가 있을 듯하지만
보이지 않는다
잡힐 듯 선뜻 손을 내 밀지만
허공 속으로 흩어지는 뿌연 운무들
그리움으로 남겨진 채 산다는 게
얼마나 쓸쓸한 일인가
사랑한다는 것
또한 얼마나 어려운 일인가

그대 마음이 내게서 떠나 있는데
가슴에 묻지 못 한다고
함께하지 못 한다고 애련한들
무슨 소용 있으랴
가슴에 남아있는 자국은
여전히 선명한데
뒤돌아 봐도 보이는 건 희미한 영상뿐

밤새 내린 안개비는
한낮의 햇살 속으로 사라지는데
무엇이 가슴팍을 짓누르며
답답하게 엄습해온다

기억記憶

만남의 인연이
바람처럼 흩어진다 하여도
언제나 그 자리에서
물안개 같은
그리움을 펼 수 있다면
오래도록 그대를 기억하리다

아주 오랜 세월이
흐른 뒤에도
정말
당신을 사랑했었다고
말하리다

어차피
한 사람쯤은
누군가를
기억해야 한다면…

가을

발끝에 뒹구는 낙엽 하나에도
코끝이 찡하고
달빛 그림자의 너울에도
잠 못 이룬다

몽땅 털어도
그저 한 줌뿐인 가슴
가을엔 무엇이
이토록 나를 힘들게 할까

그리움의 한 자락
가슴에
품고 사는 일조차
허락되지 않는 쓸쓸한 이가

지워지지 않은 그림자
당신의 가슴 속에
깊이 들어가
붉은 잎사귀로 물들여주고 싶구나

호수湖水

출렁이는 물결 속으로
차가움보다 고독이
더 밀려오는 겨울호수에는
찾는 이가 없어서인지
쓸쓸함이 더욱 묻어난다

생명을 잃은 갈대들은
고개를 숙인 채
바람이 하자는 대로
바스락거리며 흔들어대고

건너편 산등성이에는
발가벗은 나무들이 몸을 일으키어
호수에 얼굴을 내민다

바람이 싸 하게 지나간 자리에는
물결이 너울너울 춤을 추고
간간이 떠있는 구름
하늘보다 더 작은 호수가
하늘을 담아낸다

햇살이 차가운 오후
가장자리 둔덕에 앉아 있던
한 무리의 새들이 비상하며
아름다운 겨울 풍경을 그려낸다

계절의 끝자락에서
마음이 한없이 시릴 때
호숫가 가장자리에
뜨거운 기운으로 맨발을 덮으며
새로운 계절을 어서 오길 기다린다

모과

차의 실내를 청소하다가
뒤편 바구니에 놓여진
모과가 눈에 띄었다
시장에서 몇 개 산 것인데

겨울이 오기 전
어느새 쭈글쭈글해져
며칠 못가는 것 같다
울퉁불퉁하긴 해도 향기는 그만이지만
못 생긴 과일을 들라치면
첫 번째 꼽히는 게 모과이다

노란 모과가
차안에서 멋진 장식으로도
아주 보기좋았는데
제 역할을 다하고
볼품없어진 모과를 치우다가

시간과 물질을
아낌없이 희생하는 마음이
진정한 사랑에 의미가 아닌가
잠시 생각해보았다

미련未蓮

가슴에 머물러 있던 네가
끝내 빠져나갔는데도
그 자리에
선명하게 남아있는 것

왠지 그 빈자리로
네가 다시 돌아올 것 같은
생각이 드는 것
그래서
바보 같은 일인 줄 알면서도
한없이 기다리는 것

잊어야지 하면서도 잊지 못하고
끝내는 너의 빈자리
채워두지 못한 채
허송세월 보내다가
빈 가슴으로 남아 있는 것

망각忘却

한때는
아무것도 보이지 않고
폭풍 같았고
폭설 같았던
방황의 거리에서
산산이 부스러지는 인연의 쪼가리들

사랑도 설움이 통곡할 때는
아픔을 더해가지만
낡아 헤진 소매 끝으로
눈물을 닦아내며
추억하는 것들에 대하여
아낌없이 버려야한다

그대가 나를 잊기 전에
내가 먼저 그대를 잊기 위해
기억 속에서
다시는 돌아올 수 없도록
망각해야 한다

마음心

둘도 아닌 하나가
가슴 속에 있다
깊이도 넓이도 잴 수가 없는
나도 모르는
내가
내 마음속에 있다

그래서 가끔
엉뚱한 짓을 하니
나도 내가 속상하다

받아야 할 때는 오히려 주고
줄 때는
내 것 부서지는 줄 모르고
모두 다 주는
정말 알다가도 모를
내가 내 마음속에 있다

다리架橋

사람들은 유달리 다리 놓는 걸 좋아한다
한 지점과 또 한 지점을
이어 주는 것이 다리이다
다리는 강을 건너는 데도 필요하고
섬과 육지를 이어 주는 데도 필요하고
교차로에서 자동차가 신속하게
이동해 주는 데도 다리가 필요하다
높은 건물에 올라가는 데도 다리가 필요하다

그런데 그 다리가 도를 넘는다
불필요한 곳에도 다리가 놓여 있다
공원을 만들기 위해서
저수지 호수 가에도 깎아지른 바닷가에도
심지어 가파른 등산로에도 다리가 놓여있다
다리가 그렇게 일상화 되어 있지만
사람과 사람 사이에 놓는 다리만큼이나
어려운 것은 없다
허물고 부서지고 그러기를 여러 번
튼튼한 다리를 놓은 사람이 성공한 사람이다

순결純潔

칼에 사과가 떨어지던
사과에
칼이 떨어지던

결국
절단 나는 건
오직 사과 일 뿐이다

그래도 나는
그대의
사과가 되고 싶어라

송두리째
쪼개어 지는
사과가 되고 싶다

등대燈臺

언제나 늘 그 자리에
서있는 등대
누굴 기다리는 걸까
찾아오는 이가 있어서 기다리는 걸까
기다리는 사람 있어서
늘 거기에 서있는 걸까

기다리는 건
그리움 있어서 좋고
찾아오는 건
반가움 있어서 좋을 것이다

그런데 찾아오는 이가 없거나
기다리는 이가 없다면
그처럼 쓸쓸하고
허전한 인생은 없을 것이다

기다리는 사람보다는
찾아오는 사람이 많아야
사는 재미가 있지 않을까

수박

껄끄러운 내 입술에
내 아내보다
더 시원하고 더 달콤하게
내게
다가오는
그대의 붉은 입술

입안에서
오금이 가도록
더위에 지친 내 가슴을
시원하게 풀어줄
그대는
진정 내 사랑임을

약속約續

이른 봄 양지쪽에 피어있는
분홍빛
제비꽃 한 송이

작년 그 자리에
예쁘게 피어있더니
올해도
그 자리에서 피어있구나

내년에도
피워주마 했던
그 약속을 지키기 위해서

그 추운 동지선달
엄동설한을 잘 견디고서
그 자리에서
예쁘게 피었구나

유혹誘惑

햇볕이 쨍쨍 젊음의 계절
여름이 시작이다
가볍고 투명해진 여자들 옷차림에
남자들 눈요기는 신이 나고

세월의 피날레는
그 생동감을 따라가지 못하니
청춘은 엉거주춤
거리에서 목 놓아 울고 있다

젊다는 것은 참 좋다
그러나 마음껏
자신을 나타내는 옷차림이
보기엔 참 좋긴 하지만
때로는 마음을 어지럽게 만든다

자신의 미美를 발설한다는
허울 좋은 미명 아래
요란한 여자들에 옷매무새는
결국 남자를 유혹하려는
뒷거래가 더 짙다

첫눈

첫눈은
그 애의 맘 같다
맑고 깨끗하니까

첫눈은
그 애의 얼굴 같다
바라볼수록 눈부시니까

첫눈은
그 애의 입술이다
다가서면 녹아 버리니까

첫눈은
그 애의 휴대폰이다
설렘으로 기다려지니까

허무虛無

다들 사랑이 좋다는데
사랑만큼
허무한 게 없다고 생각한다
다들 우정이 좋다던데
우정만큼
못 믿는 게 없다고 생각한다

짜증이 난다
다들 왜 이런 것에 목을 매는지
세상 살아가자면
허무한 것들이 너무 많다

어느 때는 허무虛無가
때로는 삶을 무너뜨리기도 한다
그래서 그런 것에
너무 마음 쓰지 않아야 한다

편지便紙

그리움의 끝에서 붓을 잡는다
무어라고 써야
그대가
날 잊지 않았다고 할까

그대 생각에 베갯잇
마를 날이 없다고
보고 싶어 너무 보고 싶어서

눈을 감아 버렸다고
하얀 종이 위에
내려놓는 그림자

그대는 편히 잘 계신가
안부를 묻고

무척 그립다고
여러 날 보고 싶었다고
단숨에 써내려간다

기대企待

바랜 만큼 무너지고
원한 만큼 더 실망하고
크면 클수록
산산이 부서진다
딱히 그런 것은 아니지만
못내 서운한 감정

기대하지 말자
마음을 비워봐도
돌아서는 순간
씁쓸한 뒷맛
속내를 비칠 수 없어
혼자 가슴을 친다

인연因緣

살아오며 스쳐가는
인연들
강물처럼 흘러가면
다시는 돌아오지 않는다

인연을 잡으려 애 쓰면
비켜 나가고
다가서면 멀어지고
만경창파萬頃滄波에
한 올의 바람과도 같아서
쉽게 잡을 수도 없고
버릴 수도 없다

인연이란
엮지 않으면
그냥 스쳐 지나가는 것
달려가는 열차의
차창 밖 풍경이다

제5부
못 잊는 게 아니라

못 잊는 게 아니라

못 잊어서
안 잊는 게 아니라
안 잊혀져 그리워진다고
그리워서
보고 싶은 게 아니라
따스한 가슴이 그리운 거라고

못 잊어서
안 잊는 게 아니라
안 잊혀져 생각난다고
소중한 인연을 버릴 수 없음에
그리움에 애타는 거라고

못 잊어서
안 잊는 게 아니라
안 잊혀져 그립고 보고 싶다고
못 잊는 게 아니라
안 잊혀져
정말 못 잊는다고

겨울 바다

냉혹하리만큼 차가운
겨울 바다
네가 그리운 날은 그 곳에 가고 싶다

끼룩끼룩 갈매기 소리
쓸쓸하게 들려오면
내리는 함박눈도 삼켜 버린다

바람이 불어서 파도가 일렁이는지
파도 때문에 바람이 이는지
바다가 뒤틀린다

바위섬에도 방파제에도
제 몸 부서지는 줄도 모르고
파도가 투덜거린다

몰아치는 칼바람 속에서
무엇을 찾을까마는
그래도 잃어버린 조각들을 찾아본다

당신 이름

오랜 세월이 흘러서
언젠가
당신을 만나는 날

당신 이름을
제가
기억하지 못하여도
당신은
제 이름을 기억해야 합니다

그것은
당신이 먼저
제 이름을
기억해주길 바라기 때문입니다

당신은 내가
준
첫사랑이니까

빈자리

그대가 떠난 빈자리에
무엇이든
채워 보려고
정신없이 돌아다녔습니다

그러다 얻은 것은
그대 외에
아무것도 채울 것이 없다는 것을
알았습니다

결국
자리를 비워둔 채
그대를
기다리기로 했습니다

당신도 그런 적 있나요

누군가를 떠나 보내고
그 사람을 잊지 못해 잊히는 건
시간문제라고 술잔을 비워야했던
당신도 그런 적이 있나요

어디에도 마음 두지 못해
며칠 몇날을 그리워하며 몸서리치다가도
남아있는 사람의 몫이라고
당신도 그런 적이 있나요

양파 껍질 벗기듯
한 겹 한 겹 벗겨 내어도
자꾸만 솟아오르며 잠 못 이룬 적
당신도 그런 적이 있나요

누군가를 대신 그리워하며
기다리지 않겠노라고 미움 속 거짓말로
힘겨운 시간 보내야했던
당신도 그런 적이 있었나요

애증愛憎

그대와 나는 모르는 사이
그러므로 서로 보고 싶어 할 필요도
그리움을 느낄 필요가 없다
그대는 그대의 길을 가고
난 나의 길을 가면 되는 일이다

가슴 아파할 것도 미워할 것도
관심 둘 필요도 없다
그대와 나는 모르는 사이니까
서로를 외면한 채 지금 이대로
각자의 길을 가면 되는 것이다

그렇게 길을 가다가
그대의 그리움이 있다면
쓴 웃음을 짓고
함께 한 시간이 떠오르면
바람에 흩날리고
한잔 술로 달래보련다

전화번호

번호를 바꿔본다
누구에게도 알려지지 않도록
내 스스로가 날 지워본다

그것보다도 바보같이
기다리는 날 위해서
상처가 깊어지지 않도록
내 번호를 바꿔본다

분명히 내 번호를 알면서도
문자를 씹고
전화를 피하고 있는 널 알기에
번호를 바꿔본다

그러나 외워진 네 전화번호
몇 번씩 눌러 보고
혹시 없어지진 않았을까
그 짧은 시간에 컬러링만
확인해보는 치사한 습관이 생겼다

그 자리에 서 있는 사람

오면 오는 대로 가면 가는 대로
세월과 함께 그렇게 흘러가면서
쌓여지는 수많은 인연들
어느 날인가 부터
애써 만든 인연들이 차츰 멀어져가고

각박한 삶 속에서
한번 정한 마음 변하지를 않고
한번 맺은 인연 홀대하지 않으며
늘 처음처럼 언제나 한결같이
그 자리에 서있는 그 사람이 그립다

잠시 잊혀진 채로
얼마의 시간을 보냈다가도
문득 생각이 나서 뒤돌아다보면
여전히 그 자리에서
표 안 나게 서있어주는
그 사람이 그립다

너 아니면

너 아니면
하루도 못살 것 같던 나
너 아니면
모든 게 끝난 줄 알던 나
너 아니면
아무 일도 하지 않던 나
너 아니면
다른 누구도 생각지 않던 나
그러나 그것은
바보스런 일이였다

너를 위해 내 인생을 주었고
너를 위해
내 사랑을 주었고
너를 위해
내 힘든 일 마다했고
너를 위해 내 모두 주었지만
그러나 그것은 어리석은 일이었다

사랑도 사람에 일인지라
시간이 지나니까
하루아침에 별 볼일이 없더라
너 보다 더 좋은 사람
너보다 더 많이 생각해주는 사람이
기다려준다면

내 기꺼이 너를 잊고
너 아니면 안 될 것 같은
이 세상을 미워하며
나를 사랑해 줄 그 사람을 만나
너와 있을 때보다도
재밌는 삶을 살아가리다
한때 사랑했던 사람아 잘 가거라

그대 속마음

그대 속에
내가
멀리 있다고
흐르는 세월이 말 하더이다

진즉에
그걸 알았더라면
세월을 잡아 놓을 것을

그대를 원망할까
세월을 탓할까
나만 모르고 있었던
그대 속마음

가슴이 아파서 울고 싶네요
그대 속을
떠나 있는 내가
참
바보였습니다

작별作別

떠나는 발길 부여잡지는 마라
이별은 늘 곁에 있었던 것이니
잡는다고 가던 발길이
돌려서지는 않으려니까

바보 같은 사랑 하지 않으려고
미련 없이 너를 보낸다
뒤 돌아보면
암울한 시간 속 공간이기에
부질없는 지난 시간에
헛된 망상들은 미련 없이 날려 보낸다

내 헛되이 하지 않기 위해
눈물 보이지 않고 너를 보낸다
떠나간 뒤에 오는 또 다른 사랑은
지나간 것보다 더
지고지순한 사랑이 될 터이다

이별離別

가슴속에 들어 온 네가
다시 밖으로 나가려고
몸부림치며
저 살려고 도망가는 거

가슴을 물어뜯어서
상처를 만들고
가슴을 가르고서
끝내 빠져나가는 거

가는 자
남은 자
모두에게
상처를 서로 주고받는 것

아주 잠깐입니다

잠깐 거리를 두는 것은
잠깐 연락을 안 하는 것은
잠깐 무관심해
보고 싶은 것뿐입니다

어리석게도
당신에 마음을
한 번쯤
알아보고 싶어서입니다

잠깐
아주 잠깐입니다
그러나 위험하게도
자칫 오래 될 수가 있습니다

기회는 누구 에게나
주어지지 않습니다
또 이번에도 잠깐만입니까

지우개

눈을 감으라
애써 길을 물어볼 필요가 없다
네가 가는 길이 곧 길이니
마음대로 휘젓고 다녀라

달콤한 벌꿀이 꽃 속에서
침을 흘리듯이
화면 가득히 네 마음대로
오선지를 그려 보아라

중요한 단어에는 밑줄을 그어
결코 잊을 수 없는 이름으로 기억하되
잊고 싶은 단어들은 가슴 속에서
다시는 자리할 수 없도록
매정하게 지워버려라

또 다른 기억들이
새롭게 자리할 것이니
지우는 것에 인색하지 마라

지운다는 것

누굴 지운다는 것은
내 가슴에 안착해있는
그 사람을
덜어낸다는 것

훗날
내가 더
힘들어 할 것을 알면서도
지운다는 것은

독한 마음이 아니면
정말
아무나 하는 게
아니라는 것

무상無常

함께했던 추억이
연기 속으로 사라질 때
꽃은 지고
세상은 허무하여
가슴 아파서 눈물 흘리네

거미줄 같던 열정 사라지니
마음 걸었던 끈도 끊어지고
사랑도 미움도 한낮
부질없는 것을

이루지 못할 사랑 왜 했을까
비바람에 쓰러진 고목인 것을
잃어버릴 사랑 왜 했을까
잡아 보면 다 무상 것인 것을

사랑의 유효기간

당신은 상대에게 언약했던 약속을
얼 만큼 지킬 수 있다고 생각합니까
혹시 당신보다 상대가 더 문제가 있다고
의심하지 않았는지요
나는 지키고 싶었는데 상대가
일방적으로 약속을 파기했다든가

사랑의 약속이 죽음까지 가는데
당신과 당신이 사랑하는 그 사람은
어떤 일이 있어도 과연 변함이 없을까요
아니 장담할 수 있는지요

수많은 하객들 보는 앞에서
결혼서약을 하지만
어느 세월이 지나면 무심해지는 이유는
누구에게 있을까요
그래서 당신은 사랑에 약속
유효기간이 있다고
생각해 보지는 않았는지요

입술

술은 술인데
내 맘대로 할 수 없고
주는 사람이 있어야 마실 수 있는
사랑의 정표, 입술
무엇이 스쳐갔는지 모르듯
갈취해서 마신다

온몸이 저리고 촉촉한 감촉
보드랍고 황홀한 느낌
술보다 더 독하고
술보다도 더 취해서
사랑의 문이 날개를 펴고 열린다

하지만 향기 있는 입술은
무엇보다도
영롱한 눈빛으로 다가와 준
첫 입술이 좋다
꽃의 암술은 벌들이 맞추고
여자의 입술은 남정네가 맞추고
그래서 사랑을 잉태한다

빈 화분

겨우내
베란다에 버려두었던
빈 화분에서
이름 모를 파란 싹이 돋아납니다

그 곳에 무엇이 있었는지
알 수가 없는데도
봄이 왔음을 알려 줍니다

그간 물주는 것도 잊었는데
꽃이 되기 위해
저렇게 빈 화분에서
애쓰는 모습을 바라보니
마음이 아픕니다

사랑도 그런 게 아닐까
생각지도 않았는데
어느 날 빈 가슴속에
나도 모르게
다가오는 것이 아닐 런지요

가을을 보내며

세월이 빠름을 실감 하듯이
어느새 가을 끝자락에
와 있는 거 같다
누구나 '봄이 왔다'고 하지만
가을은 그리 말하지 않는다
그냥 모두가
'가을이 오고 있다'고 말한다

낭만과 시적詩的 감상이 풍부한 계절
몇 편의 시와 아름다운 추억
그리고 좋은 인연은
가을에서부터 시작이 된다

결실에 풍성함으로
가득했던 가을이 서서히
저물어가고
또 다른 계절이 기다리고 있다

곱고 맑은 햇살처럼
높고 푸른 하늘처럼
마음이 늘 행복하여야
겨울을 거뜬히 보낼 수 있다

이 가을에

이 가을에
여자는 편지를 쓰면 우체통에 넣지만
남자는 편지를 쓰면
가슴에 묻어둔다
이 가을에
여자는 기다림에 쉽게 잊혀가지만
남자는 그리움에 가슴을
쓸어안는다

이 가을에
여자는 은행잎을 주워 갈무리하지만
남자는 단풍잎을 주머니에
구겨 넣는다
이 가을에
여자는 한 잔의 커피와 음악을 듣지만
남자는 한 잔의 쐬주로
가을을 달랜다

이 가을에
여자는 낯선 곳으로 여행을 떠나지만
남자는 가을 끝날 때까지
누군가를 기다린다
그래서 가을은 남자의 계절이다

기다림

당신이 떠나신다는 말에 붙잡을
힘이 없으외다
당신이 제게 자신 없듯이
저도 당신께
확신을 드릴 수가 없으외다

언제 부터인지 당신 곁에 서면
자신이 있었는데
당신으로 하여금
모두 일에 충만했는데
이제 당신께
아무것도 드릴게 없으외다

당신께서 저의 자신감을 모두
앗아간 탓이외다
당신을 위했던 제 마음도
안으로 함묵하외다
그러나 후회하지는 않으려 하외다

당신께 사랑했던 지난날을
당신을 지녀온 제 자신을
이제 당신을 위해
기다림의 잔을 비우고
다시 오실 그날을 내리 내리
기다리외다

제6부
바람이어라

바람이어라

간밤 창문 흔드는 소리에 일어나
그대인가 싶어
창문을 열어보니
그대는 보이지 않고
휑한 바람만이 쓸쓸함을 더하니까
가슴이 아플 수밖에

그대가 보고 싶어
바람이 되어서
당신 곁으로 갈까 보다
산을 넘고 강을 건너
바람이 되어 그대에게 가고 싶다

저 멀리 문수봉 자락에
걸 터 앉은 구름이
그대인양 손짓하기에
따라 갔지만
그대는 보이지 않고
바위틈에 피어난 비련초悲戀草가
애간장을 끊노라니

엊저녁 그렇게
왈칵 쏟아져 내린 비가
그대 구름이 내린 눈물 이련가
바람이 그리워서
쏟아져 내린 그리움이련가

다가서면 멀리 달아나고
그대 바람이 그렇게
창공에서 머물지를 못 하는데
구름이 제대로 잠을 잘 수 있겠는가

왜 그대이어야만 하는지

만나고 스치는 사람은
하도 많은데
마음에선 왜 그대이어야만 하는지
왜 그대인지
왜 그대이어야만 하는지
왜 꼭 그대이어야만 하는지
그대여야만 하는 이유가
내게 있습니다

이미 내 안에 서 있는
그대이기에
한번 한 사랑 바꿀 수 없어
그대여야만 합니다
한번 준 마음 되돌릴 수 없어
그대이어야만 합니다

그대에게 가 있는
내 마음의 비밀번호
그대가 아니면
그 누구도 열 수 없기에
그대이야만 합니다
내 마음이 이미 가있는
그대이기에
내게는 꼭 그대이어야만 합니다

흐르는 물이라고

흐르는 물이라고 해서
어디 쉽게 흐르기만 하던가
막히고 부딪히고
시퍼런 속살을 끌어안고
골짜기를 돌아
바위 살 틈으로 흐르는 것을

한 번에 사랑 못내 그리워서
까마득히 잊었어도
맴돌다 되돌아와서
명치끝으로 조여드는
그리움인 것을

잊힐 듯 잊히지 않고
긴 세월 두고 아파하는 것을
그대는 아시는가
흐르는 물이라고 하여
어디 쉽게 흐르기만 하던가

자네가 생각나는 건 왜일까

지하철을 타도 버스를 타도
길을 걸어도 종로 거리를 지나칠 때면
자네가 뒤에서 불러 줄 것만 같아
자꾸만 뒤 돌아보고
발길 멈추는 건 왜일까

언젠가는 우리가 삶이 바쁘게
지나가는 복잡한 시장 통에서
또는 어느 조용한 골목길에서

자네와 한 번쯤은
우연히 마주칠 것도 같은 생각으로
늘 기다리고 있는데
무심하게 세월만 가는구려

어디를 가야 자네를 볼 수 있을까
어디쯤 가야 자네를 만날 수 있을까
내가 자네를 생각하는 만큼
자네도 내 생각을 하고 있을까

그대 하나면 되옵니다

그대가 내 곁에 있어서
사랑할 수 있기에
오늘도 하루가 즐겁습니다

해도 하나 달도 하나
내 마음도 하나
그대에게 많은 바람 없습니다
그대사랑 하나면 되옵니다

그대가 주는 사랑의 눈빛
그대가 건네는 따뜻한 말 한마디
그대가 내미는 사랑의 손길
그대가 조석朝夕으로 불러주는
내 이름 석 자

그렇게 웃음으로 마주하는 마음
그거 하나면 되옵니다
가을아침 밤새 내린 하얀 서리꽃이
청아한 모습을 드러내듯이

어느 날 그렇게 내 안으로
살포시 다가선 그대
내가 그대 안에 머물 수 있도록
그대 사랑 하나면 되옵니다
그대 하나면 되옵니다

작별의 노래

하얀 눈이 바람과 함께
죽음을 몰고 오듯
서러운 날들이 연속이 된다 하여도
결코 서러워하지 않으리다
그는 가야한다
이곡이 끝나기 전에 떠나 가야한다
작별의 춤과 함께
음악이여 쉬지 말고 울부짖어다오
이대로 영원히 영원히

기쁘게 보내기 위해서
쓸쓸한 미소가 길어지지 않도록
우연히 만났다 가슴깊이 고통을 감싼 채
다시 만날 수 없는
정녕 영원한 이별이 될지라도
헤어짐은 죽음보다
더 잔인한 아픔을 남기고
살을 에는 듯한 고통이
오랫동안 가시지 않을지라도
결코 울지는 않으리다

어떻게 잊어요

어떻게 당신을 잊어요
내게 사랑을
가르쳐준 사람인데
어떻게 내가 당신을 잊어요

처음으로 마음 주고
내 가슴
두근거리게한 사람
어떻게 내가 당신을 잊어요

세월이 흘러도
옛 모습 그대로 내 곁에
서 있는 그대
내가 어떻게 당신을 잊을까요

시인님 당신은

베란다 문을 활짝 열고 회색도시를 봅니다
여긴 눈이 내리고 있거든요
눈이 오는 게 좋아서
그냥 바라만보고 있어도 좋아합니다

당신이 어떤 분인 줄은 모릅니다
그렇지만 날 기다리던
서너 통의 메일에서
난 서슴없이 당신 메일을
첫 번으로 열었습니다

만남과 헤어짐 그리고 인연의 엇갈림
그 거대한 사이버 공간에서
공유의 느낌이 든 사람과
교감할 수 있는 것만으로도
참 행복한 시간입니다
지금은 눈이 많이 내리고 있네요

꼭 가지고 싶었지만 쉽지 않았던
당신이 선물한 내젊은 날의
흔적 같은 글
세 번이나 읽었습니다

시인님, 당신은
옛 추억과 지나간 내 사랑을
내 위치로 돌려주신
고마운 분입니다

사랑하는 이유는 없습니다

당신을 사랑하는 이유는 없습니다
당신의 솔직하고
있는 그대로의 모습이
나를 사랑하게 할 뿐입니다

그냥 덧없이 흘러가는
세월의 무게처럼
당신 인생의 흐름에 덧 부처
그냥 편하게 부담 없이 사랑할 뿐입니다

연인 보다는 친구가 좋은 나이
친구 보다는 말동무가 좋은 나이
괜 한 욕심 모두 비웁니다
내가 당신을 사랑하는 데는 아무런
이유가 없습니다
내가 당신을 사랑하는 데는
아무 조건이 없습니다

환한 당신의 웃음이 설레게 하고
가식 없는 당신의 모습이
좋았을 뿐입니다
왜 하필 당신을
사랑하는지 묻지 마세요
당신이 그냥 좋았을 뿐입니다

기찻길처럼

난 이쪽으로 가고
넌 저쪽으로 가고
마주 보고 나란히 가고 있지만
한 번도 만나지를 못했다

어디를 가야
널 볼 수 있을까
어디 쯤 가야 만날 수가 있을까

끝도 없는 길을
난 이쪽으로 가고
넌 저쪽으로 가고
우리 사이도 기찻길처럼
만나지 못한 채
그리워해야만 되는 것일까

보고 싶다
세월 더 가기 전에
우린 정말 만날 수가 없는 걸까
기찻길처럼

누군가 보고 싶을 때가 있습니다

한 세월 스치고 지나치는 인연들이
어느 길목에 있다 하여도
꼭 어떤 깊은 사연이 있어서가 아니라
누군가 보고 싶을 때가 있습니다

집에 일찍 들어오는 날
무언가 잃어버린 것 같은 생각이 들 때
또는 덧없는 세월을 바라 볼 때
누군가 보고 싶을 때가 있습니다

삶이 행복해서가 아니라
살아가는 게 힘들고 어려울 때
어딘가에 마음
둘 곳이 없다고 느껴 질 때면
누군가 보고 싶을 때가 있습니다

목젖까지 올라오는
그 이름 하나 속절없기에
차마 부르지도 못하고
마음 한 구석 잊혀질 수 없기에
누군가 보고 싶을 때가 있습니다

사랑한다는 거

널 사랑한다는 건 내 욕심이겠지
바보 같은 짓이고 힘 드는 일이겠지
감히 내가 널 사랑할 수 있을까
가끔 그 생각을 해본다
사랑한다는 건 아니 사랑하겠다는 건
마음먹기에 달렸지만
사랑이 무엇이던가
그것은 끝없이 타오르는 욕망
그 욕망의 미로 속으로
자꾸만 달려가는 게 사랑이 아니던가

사랑한다는 건 그리 쉬운 일이 아니기에
누구나 가던 길을 자꾸만 뒤돌아본다
그리고 힘들고 어려운 길이지만
그래도 많은 사람들은 사랑을 위해서
오늘도 주저하지 않고 그 길을 가고 있단다

바람이 몹시 부는 날
까만 밤하늘 위 어딘가로
떨어질지 모르는 하얀 눈발처럼

가슴 가득히 보이지 않은 사랑
그 사랑을 수반한 너에게 매달려
허우적거리며 왜 빈 허공을 헤매는지
그 누구도 모른단다

널 사랑 할 수 있는 그 어느 것 하나 없이
그저 입만 살아있기에
지금에 널 사랑하겠다는 건 아니다
널 사랑 한다는 거
순전히 과욕일지라도 보듬어 주는
따스한 마음이 아름답지가 않을까 생각한다
그리고 비록 이루어 질 수 없는
빈 가슴의 사랑일지라도
또는 무너지는 모래성일지라도 그 사랑을
되돌려 받고 싶다

벚꽃이 지던 날

비바람에 벚꽃이 힘없이 지던 날
아쉬움에 허전한 가슴으로 그대를 배웅합니다
황홀하다 못해 백설처럼 곱게
피어 오른 아름다운 흰백의 꽃이여
오랜 세월 지났음에도 내 보라고
이다지도 곱게 피었나

수줍은 꽃 방울 터드리며
화사한 미소로써 다가오더니
보드라운 연인의 입술처럼
황홀한 꽃잎 속으로 취하기도 전에

한 사날 쭉 그대를 바라보기도 전에
아니 다시 보려고 뜰 앞에 나서기도 전에
어느덧 가지마다 하얀 꽃잎이
하염없이 떨어집니다

그래 더는 내 마음 주지 말아야한다
다부진 그 생각은 어디로 갔는지

화사한 미소로 다가 와서
비벼대도 녹지 않는 언 가슴을
가지마다 흔들어 놓고
홀연히 떠나려 하다니 가슴이 아파옵니다

작별은 이미 예고된 것이라서
이제 더는 막을 수 없음에
힘없이 떨어지는 꽃잎을 하염없이
바라보며 쓸쓸하게 발길을 돌립니다
그대를 정말 사랑했습니다
부디 잘 가시옵소서

머무르고 싶었던 순간

물방울이 아직 뚝뚝 떨어지는데
머리를 말려야 하는 것도 미루고
너무도 깊숙이 묻혀있던 내 기억들이
단 한 번의 충격으로
조각조각 터져나오게 하였다

학교 옆 돌담을 돌면 그 옆에
책을 대여해 주는 책방이 있었다
내 기억으로는 주인인 듯한 아저씨가
서점을 지키고 있었는데 매일 드나들었다

책을 읽는 속도가 엄청나게
빨랐던 나는 매일 책 한 권씩 읽었다
박계형 소설은 전부 읽었으며
짜릿한 감각에 쾌감 같은 것을 주는
그 소설에 푹 빠져 있었다

그가 쓴 소설과 더불어
사춘기를 맞이하였고
항상 이야기 속 주인공이 되곤 하였다

머무르고 싶었던 순간들
초원의 빛 동심초
추억을 열게 만든 그 시절 이야기들이
지금은 모두 그리움으로 밀려온다

그리워서

그리워서
한 번씩 꿈속에서 본다
또 그다
그 며칠은 마음이 뒤숭숭하다

그리워서일까 아니면
따스한 사랑
담아내지 못해서 일까

언제나 베갯잇을 적시고 나면
꼭 그다
그가 그렇게 잔상殘像으로
가득 했다니
이것이 그에게로 가는 사랑이련가

창밖으로 보이는
갓 피어난 하얀 목련처럼
그렇게 내 마음속에 피어오른
그리움의 꽃
내 어찌하면 좋은가

그대 그리움을 빈 잔에 담아
한잔 술로 마시며
내 육신을 저당 잡힌 채
당신 생각에서
단 하루라도 곤히 잠재우고 싶다

비가 내리는 날

자동차 보닛 위에 떨어지는
빗방울이
피아노의 건반처럼
튀겨가고 있었다

빗방울 수만큼 헤아릴 수 없는
내 그리움 그 사람 당신
그 사람 당신

오늘처럼 비가 내리는 날에는
많이 보고 싶은데
만날 때마다 나를 사랑한다 했던
그 사람이었는데

지금 내 곁에는 아무도 없다
마음이 너무 서러워
눈물을 닦았다
비가 참 많이 내리고 있다

은행잎이 지천으로 내립니다

가로수 낙엽더미 속으로
두 발을 밀어 넣으며
푹푹 빠져가는 하굣길
사내아이들에 발밑으로
가을이 깊어 가는 것을 느껴집니다

가을이 지나는 거리에는
바람이 불 때마다
은행잎이 지천으로 내리고
종종걸음 치는 사람들 모습에서
추위가 멀지 않음을 알게 합니다

계절의 여운을 미련 없이 털어버린 날
황금을 깔아놓은 듯
거리는 은행잎으로 가득하고
붕어빵 파는 포차에서
모락모락 김이 올라옵니다

또 하나의 계절이 지나는 길목
멀리서 바라보는 추녀 끝에 선
가을이 아주 참 보기 좋았습니다

그땐 왜 그랬을까

영등포 삼영다방에서 줄담배를 피워가며
그 사람을 기다리고 기다리면서
애꿎은 성냥개비만 부러뜨리다가
종업원에게 혼나기만 하였다

지금 와서 생각하면
그런 것 하나하나가
다 지나간 추억처럼 주마등을 스쳐간다
그때는 정말 왜 그랬을까

맛도 모르는 커피를 시켜 놓고서
줄 담배로 연기를 날리고
온갖 인상을 다 써가며
오지 않은 사람을
초조하게 기다렸던 그때

알지도 모르는 팝송을 들으며
온종일 죽치고 앉아있던 그 시절
바보같이 그때는 왜 그랬을까
정말 바보같이

그 사람이 아니면 세상이
다 끝나는 줄 알았던 그 시절
그땐 정말 왜 그랬을까

돌이켜 생각해보면
그래도 내겐 소중한 추억이었다

비가 오는 날

비가 오는 날에는
순간이나마
그대가 내려앉는 수면이라면
좋겠다는 생각에
잠시 당신을 떠올려봅니다

동그란 원을 그리며
내 가슴 위로 앉을 때마다
어긋나지 않도록 사랑으로 감싸며

그대가 가랑비가 되든지
소나비가 되든지
그대의 작은 투정 하나 까지도
모두 받아주렵니다

당신이 내게 오는
아주 그 짧은 시간이지만
그대에 안식처가 되겠다고
비가 오는 날은
턱을 고이고 바라봅니다

마지막 단풍

어제까지
떨어진 단풍을
주워서
내 가슴의 화로로
모두
불태웠습니다

이제
아파오는
사랑에 그리움
내년에는
아마
하나도 없을 것입니다

그대를 알고 나서

그대를 알고 나서
갈래갈래 흐르는 강물이
바다로 흘러가는 이유를 알았습니다
그대를 알고 나서
크고 작은 산들이 어깨동무하는
이유를 알았습니다

그대를 알고 나서 그대가
내게 오기 전에 채우고 있던 것들을
모두 밖으로 내어 놓고
먼저 그대를 채웁니다

그대의 얼굴 눈빛 웃음
그대의 생각 꿈 소망 좋아하는 것
그리고 그대가 준
마음의 선물 하나 하나까지도
그대를 위해서 채워둡니다

그대를 다 채우고 나서
남은 자리에 밖에 내놓았던 것들을
다시 가지런히 채워 넣습니다

그대를 알고 나서 이름 없는 들꽃까지도
예쁘게 보이는 이유를 알았습니다
그대를 알고 나서 내가
살아가는 이유를 알았습니다

가을이 되면

가을이 되면 왜 그렇게도
보고 싶은 사람이 많아지는 것인지
아무래도 병인가 싶다
영영 다시 만날 수 없는
사람들까지도 애틋하게 보고 싶다

바쁜 일상 속에서 잠시 마시는
따끈한 차 한 잔에도
터미널을 떠나는
막 버스의 뒷모습에서도
그리움이 담겨 있고
바람에 쓸려가는 가랑잎을
바라만 보아도
그 사람에 소식이 궁금하다

내일이면 누군가
먼저 내 안부가 궁금해서
텅 빈 우리 집 우편함에
편지가 가득 담겨있을 것 같다
가을에는 왜 그렇게도
생각나는 사람이 많아지는 걸까

제7부
사랑은 더디 오는것

사랑은 더디 오는 것

너를 품에 안았을 때
떨리는 내 숨결 애써 감추며
사랑 한다는 말
끝내 하지 못하고
돌아선 나는
문설주에 기대어 선다

기다림이 밤새
박꽃처럼 피다가
춘삼월 꽃샘바람에 뚝뚝
떨어지더라도
그대가 느낌으로
사랑을 알 때까지 기다려야 한다

그대 발걸음이
점점 다가올 때
머뭇거린 시선으로 바라본다
사랑은 더디 오는 것
그래서 늘 기다린다고

그것이 사랑이라면

허한 바람
한 줄기
준비 없는 빈 가슴
치고 가는 게 사랑 이라면

잊은 듯
아주 잊은 듯하다가
불쑥
어제처럼 떠올라
궁금해지는 게 사랑이라면

머물 수는 없지만
세월이 흐를수록
더 또렷해지는 게
사랑이라면

그 다음은
말 할 수가 없네요
아
그것이 사랑이라면

그대를 내 안에 들인 날

그대를 내 안에 들인 날
바람 부는 길목에서
스쳐가는 안연인 줄 알았는데
그대가 내 안에
들어설 줄은 미처 몰랐습니다

내 안에 그대를 들인 날
잠자던 가슴은 파도가
풍랑을 만난 듯 방망이질하고
내 삶은 온통 그댈 위해서 존재합니다

그대를 소중한 인연으로
내 안에 들인 날
내 마음의 전부는 그대이기에
아름다운 사랑이어야 합니다

그대를 만난 게 숙명이라면
놓을 수 없는 인연으로
그대와 나
함께 가는 길이어야 합니다

애틋한 마음

애틋한 마음이란
그 사람이
나를 만나고 돌아갈 때

그 사람이
보이지
않을 때까지
그 자리에 서 있는 것

그리고
돌아와서
문자를 보내는 것

그리움은 밤에 자란다

어둠이 내리면 창가에
어리는 달그림자
나뭇잎도 흔들리고 바람은 불어
가슴이 쓸쓸합니다

바스락거리는 소리에도
바람은 마음을 흔들고
소쩍새 우는 소리에 가슴 저려와
잠 못 이루고 뒤척이는데

주변을 서성이며 보이지 않은
사랑을 베풀어 준 그대는
무엇으로도 바꿀 수 없는
소중한 사람

고요가 지나간 자리에
적막이 밀려오면
찻잔 속으로 뚝뚝 떨어지는
그대 그리움은 밤에는 더 크더이다

그대 생각

마음은 벌써
그리움과 화해를 했는데
몸은
아직도 잊지 못해서
투정이네

세월 지나
몸마저 화해를 하면
그댈
무엇으로
기억을 해낼까

첫사랑

어느 날 나도 모르게
살며시 다가와
마음 설레게 했던 그 수줍은 사랑

처음이라서 떠나가는 사람을
미처 잡을 줄도 몰랐었고
그저 보내는 게
그대를 위한 것이라 했던 순수한 그 사랑

가슴 한 쪽으로 묻어둔 채
서랍 속에 고이 간직해서
가끔은 혼자 꺼내 보고 싶은 것

내 마음을 분홍빛으로 물들게 했던
그 풋풋한 기억들은
오랜 세월이 흐른다 해도

어떤 사랑이 다가온다 하여도
지울 수 없는 이름으로
각인되어 버린 혼자만의 사랑

그대가 있기에

뽀얀 햇살이 따사롭게 느껴지는 유월
사랑하는 그대가 있어서
너무 행복 합니다
벽돌 담장 위로 빨간 장미 넝쿨의
아름다움을 볼 수 있고

예쁜 야생화 피어있는 들길 거닐며
뻐꾸기소리 들을 수 있는 것도
사랑하는 그대가 있어서
너무 행복합니다

산들바람 부는 하늘 위로
흰 구름 노닐고
모를 낸 다랑논에 물이 가득차면
귀가 아프도록 울어댈

개구리의 합창소리가
참 듣기 좋은 건
사랑하는 그대가 있기에
너무 행 합니다

그리운 날에는

그리워서 하도 그리운 날에는
허둥지둥 황급히 길을 나서
갈 수야 왜 없으랴마는

맘 가는 대로
몸 따라 갈 수는 없기에
당신 위해서 비워둔 휑한 가슴엔
그리움만 일고

오늘이 가고 내일이 와도
아무 생각 없이 그냥저냥
덤덤하게 지내기로 했습니다

가끔 아주 가끔은
그리움에 꾹꾹 목 메인 날이면
그댈 따라 가지 못하고
허공만 바라봅니다

사랑이라는 거

사랑은 모든 걸 믿어야 한다면서도
그 사람이 나만큼 사랑할까 하는
이상한 생각이 든다

사랑은 투기하지 말아야 한다면서도
사랑 할수록 나만을 사랑해 주었으면 하는
질투가 가득하다

사랑은 모든 걸 인내하고
참아야 한다는 걸 알면서도
돌아서는 순간
보고파 하고 또 가슴 아파하고

사랑은 꽃밭에 물주는 것처럼
목이 마르니까
귓가에서 사랑한다는 말이
사라지기 전에
다시 한 번 확인하고 싶어서
그에게로 달려간다

그리움

그리움이란
떠나왔던 물가의
물소리
바람소리

사무친 기억 같은 것
말고는
아무 것도 안 들리고
안 보이는 것

그리움은
신경통과 같아서
궂은 날이면

더 쑤시고
더 아파 와서
술 생각이 나는 것

사랑한 죄

사랑도
어쩔 수 없는
감정에 불과했지만

당신을
사랑하는 것도
죄라면

당신의
올가미에
가두어 주세요

당신을
사랑한 죄를
뉘우칠 때까지

사랑을 위하여

사랑을 하고 싶어 사랑하는 것이 아닙니다
그에게 미움을 받고 싶어
사랑하는 것은 절대 아닙니다
사랑받고 싶어 사랑하는 것은 더욱 아닙니다
사랑을 주고 사랑을 해 줌으로서
내 마음은 더 없이 편하고 행복합니다
그것은 사랑을 해보지 않은 사람은 모릅니다
사랑이란 어떤 것인가를

사랑은 모닥불처럼 따스한 것
사랑은 파란 잔디와 같이 깨끗하고 포근한 것
사랑은 아름다운 뭉게구름 사이로
무지개를 그리는 것
사랑은 바다와 같이 끝없이 넓은 것
사랑은 붉게 물든 노을처럼 황혼 속에 묻히는 것
사랑은 그를 위해 모두를 희생하는 것

사랑은 줌으로써 내 생활은 더 없는
삶에 활력소가 되고 마치
그를 위해 내가 살아가는 듯한 착각을 주는 것

그것은 사랑을 해보지 않은 사람은 모릅니다
사랑이란 어떤 것인가를

사랑을 하면 마음이 늘 너그러워지고
사랑을 하면 언제나 예뻐지고
사랑을 하면 그를 위하는 모든 일이 즐거워지고
사랑을 하면 세상을 살아가는 의미가 새롭고
그것은 사랑을 해보지 않은 사람은 모릅니다
사랑이란 어떤 것인가를

당신을 알지 못할 때

혼자 있을 때는
외로움도 쓸쓸함도
그냥 그저
견딜 만은 했는데

당신이 내 곁에 온 뒤로는
외로움도 쓸쓸함도
겹겹이 다가오니
차라리 당신이 없는 게
더 좋은가 싶다

내 안에 와 있지 않은
당신 때문에
그대를 알지 못했던 그 시절이
오히려 더 그리워진다

그리워지는 것

잃어버린 허한 사랑
떠나버린 아픈 사랑
가슴 찡하게 울렸던 사랑도
세월 속에 묻혀갈 때

은은한 라일락의 향기
상큼한 아카시아의 향기
청조한 장미의 향기
아름다운 봄꽃의 꽃향기가
가슴속으로 스며들면

애잔한 사랑도 철없던 사랑도
못내 그리운 사랑도
아픔으로 지나고 보면
모두가 그리워지는 것

내가 널 생각하는 것처럼
너도 날 그리워할까하는
너를 사랑한 내가 바보였을까
아련하게 떠오르는 그 옛날 추억

보고 싶다

일하다
잠시 피곤해서 눈을 감았어
네가
많이 보고 싶다

가을은
외로운 사람을
쓸쓸하게 만들기에
그저 누군가를 그리워하며
세월을 묶어 놓기엔
아쉬운 시간들이다

보고 싶다면
언제든 달려가는
그리운 사람이 되고 싶다
가을엔
나도 누군가에게
그런 사람이 되고 싶다

달빛 푸념

동지섣달 기나긴 밤
달빛 틈새에 별 하나 얹히고
바람 지나는 길목에서
허름한 마음을 달래일 때
가슴에 묻어둔 사람 안부가 그리워서
구름위에 앉아 술잔을 기울인다

저무는 인생 무엇이 서러울까마는
애절한 사랑도 다 부질없이
세월 속에 묻혀 가는 것
덧없이 왔다가는 부평초 같은 삶
한 잔 술로 잊으려 할 때

밤은 깊어 바람도 자고
달빛은 저물어
별빛마저 졸고 있으니
동지섣달 기나 긴 밤을
내 어이 홀로 지샐까마는
그대 그리움에 잠은 안 오고
내 빈 술잔 채워줄 벗이 없구나

마음이 추울 때

가득 채워져도
빈 것 같은 허전함에
만삭이 된 그리움이 부풀어 오른 날은
봉숭아 씨앗처럼 만지면
터질 것 같다

속이 빈 수숫대처럼
헛바람을 일으키면
치마를 감아 맴도는 바람에도
마음을 베인다

마음이 추울 때면
누군가가 나를
그리워해주길 바라고 있지만
언제나 문 앞에서 마중만
앞서고 있다

사랑은 바람이다

어디에 선가 분명히
불어오는 것을 느낄 수 있지만
다가서면 바람처럼 어딘가로
빠져나가는 게 사랑이다

사랑은 바람과도 같아서
잡힐 듯 잡히지 않으며
따스한 바람이었다가도
냉랭한 바람일 수도 있다

사랑은 바람과도 같아서
느낄 수는 있지만 볼 수가 없고
존재의 가치를 알았을 때는
떠나버린 뒤에 오는
공허의 느낌만 있을 뿐이다

사랑은 보이지를 않기에
겁 없이 덤볐다가
감기 몸살처럼 한 번 스쳐 지나가는
열병으로 끝나기도 한다

당신을 곁에 두고서

당신을 곁에 두고 나서는
세상 모든 것이 멈추어 버렸습니다
왜냐면 당신의 빛 그 하나만으로 도
세상은 온통 밝음으로 채워져서
더 이상 내가 욕심 낼 다른 빛을
구하지 못했기 때문입니다

아주 가끔은 예쁘다는 말을 하고
애절하게 그립거나 사랑한다는 주문을
내게 걸기도 합니다
당신은 내가 그것밖에 할 수 없도록
당신의 사슬에 고리를
느슨하게 묶었기 때문입니다

사랑은 내게 모든 것을 주는 대신
당신 하나만
그리움도 그대 하나만
바람소리조차도 당신의 목소리로
채워지도록 만들었습니다

그러고 보니 나는
당신에게서 눈도 멀고 귀도 멀고
목소리까지도
당신의 것으로 만들었습니다

당신을 곁에 두고서
나는 당신의 뜰에 재잘거리는
그대의 참새가 되기를
바라고 있습니다

연서戀書

긴긴 동지섣달 언 밤에
모처럼 시간을 내서 이 편지를 씁니다
겨울이 깊어가는 어느 날 아침
기지개를 펴고 일어나
창문을 열었을 때 그간
을씨년스러웠던 앞마당에 눈이 쌓이고
앙상한 나뭇가지에도 하얗게
장독대까지 눈이 소복이 쌓여있거든
열일을 제처 놓고서
곱 단장으로 집을 나서기 바랍니다

총총한 발걸음으로 역에 도착을 하여
서울 가는 열차를 타고는
지금 가겠노라고 방금 출발 했다고
연락을 주시구려
밤새 수없이 그려진 연서화戀書畵로
부스스한 모습일지라도
새우잠에서 얼른 일어나
그리움의 종착역에서 그대를
만나고 싶습니다

김남식 시집'

달빛 틈새에 별 하나 얹히고

초판인쇄일 2013년 11월 22일
초판발행일 2013년 11월 28일

지은이 : 김남식
발행인 : 김순진
주 간 : 지성찬
부주간 : 권순진 임영석
편집장 : 전하라
디자인 : 김초롱
펴낸곳 : 문학공원
등 록 : 2004년 3월 9일 제6-706호
주 소 : (우편번호 130-814)서울 동대문구 난계로 26길 17호
삼우빌딩 C동 302호 스토리문학사
전 화 : 02-2234-1666
팩 스 : 02-2236-1666
홈페이지 : http://cafe.daum.net/yob51
이메일 : 4615562@hanmail.net

※ 책값은 뒤표지에 있습니다.